高等院校海洋科学专业规划教材

海洋化学实验

Experiment of Marine Chemistry

石贵勇　杨颖　黄希哲◎编著

·广州·

内容提要

本书是在中山大学海洋科学学院多年来实验教学研究和改革与教学实践基础上编著而成。全书分为三大部分：基础型实验、综合型实验和设计型实验。内容涉及海水的重要化学性质、海水中的常量元素、海水中的微量元素、海水中的营养元素、海水中的有机物和海洋中的重要矿产资源等。设置了针对海洋环境、海洋生物和海洋地质等方面的 45 个实验，内容注重吸收国际前沿技术和理论发展最新成果，在保证对学生的基本技能训练基础上，加强创新意识和绿色环保意识的培养。

本书可作为高等学校海洋科学类专业的海洋化学实验教材，也可供相关人员参考使用。

图书在版编目（CIP）数据

海洋化学实验/石贵勇，杨颖，黄希哲编著. —广州：中山大学出版社，2018.5
（高等院校海洋科学专业规划教材）
ISBN 978 - 7 - 306 - 06248 - 2

Ⅰ. ①海⋯ Ⅱ. ①石⋯ ②杨⋯ ③黄⋯ Ⅲ. ①海洋化学—实验—高等学校—教材 Ⅳ. ①G634.81

中国版本图书馆 CIP 数据核字（2017）第 294952 号

Haiyang Huaxue Shiyan

出 版 人：徐　劲
策划编辑：李　文
责任编辑：李　文
封面设计：林绵华
责任校对：付　辉
责任技编：何雅涛
出版发行：中山大学出版社
电　　话：编辑部 020 - 84111996，84113349，84111997，84110779
　　　　　发行部 020 - 84111998，84111981，84111160
地　　址：广州市新港西路 135 号
邮　　编：510275　　　传　真：020 - 84036565
网　　址：http://www.zsup.com.cn　E-mail：zdcbs@mail.sysu.edu.cn
印　刷　者：广东虎彩云印刷有限公司
规　　格：787mm × 1092mm　1/16　10.5 印张　243 千字
版次印次：2018 年 5 月第 1 版　2024 年 7 月第 2 次印刷
定　　价：30.00 元

版权所有　翻印必究　如发现本书因印装质量影响阅读，请与出版社发行部联系调换

《高等院校海洋科学专业规划教材》编审委员会

主　任　陈省平　何建国

委　员　（以姓氏笔画排序）

王江海　吕宝凤　刘　岚　孙晓明
杨清书　李　雁　来志刚　吴玉萍
吴加学　何建国　邹世春　陈省平
易梅生　罗一鸣　赵　俊　袁建平
贾良文　夏　斌　殷克东　栾天罡
郭长军　龚　骏　龚文平　翟　伟

总　　序

海洋与国家安全和权益维护、人类生存与可持续发展、全球气候变化、油气与某些金属矿产等战略性资源保障等休戚相关。贯彻落实"海洋强国"建设和"一带一路"倡议，不仅需要高端人才的持续汇集，实现关键技术的突破和超越，而且需要培养一大批了解海洋知识、掌握海洋科技、精通海洋事务的卓越拔尖人才。

海洋科学涉及领域极为宽广，几乎涵盖了传统所熟知的"陆地学科"。当前海洋科学更加强调整体观、系统观的研究思路，从单一学科向多学科交叉融合的趋势发展十分明显。海洋科学本科人才培养中，如何解决"广博"与"专深"的关系，非常关键。基于此，我们本着"博学专长"理念，按"243"思路，构建"学科大类→专业方向→综合提升"专业课程体系。其中，学科大类板块设置基础和核心2类课程，以培养宽广知识面，掌握海洋科学理论基础和核心知识；专业方向板块从第四学期开始，按海洋生物、海洋地质、物理海洋和海洋化学4个方向，"四选一"分流，以掌握扎实的专业知识；综合提升板块设置选修课、实践课和毕业论文3个模块，以推动更自主、个性化、综合性的学习，养成专业素养。

相对于数学、物理学、化学、生物学、地质学等专业，海洋科学专业开办时间较短，教材积累相对欠缺，部分课程尚无正式教材，部分课程虽有教材但专业适用性不理想或知识内容较为陈旧。我们基于"243"课程体系，固化课程内容，建设海洋科学专业系列教材：一是引进、翻译和出版 *Descriptive Physical Oceanography*: *An Introduction*, 6 ed [《物理海洋学》（第6版）]、*Chemical Oceanography*, 4 ed [《化学海洋学》（第4版）]、*Biological Oceanography*, 2 ed [《生物海洋学》（第2版）]、*Introduction to Satellite Oceanography*（《卫星海洋学》）等原版教材；二是编著、出版《海洋植物学》《海洋仪器分析》《海岸动力地貌学》《海洋地图与测量学》《海洋污染与毒理》《海洋气象学》《海洋观测技术》《海洋油气地质学》等理论课教材；三是编著、出版《海洋沉积动力学实验》《海洋化学实

验》《海洋动物学实验》《海洋生态学实验》《海洋微生物学实验》《海洋科学专业实习》《海洋科学综合实习》等实验教材或实习指导书，预计最终将出版40余部系列性教材。

  教材建设是高校的基本建设，对于实现人才培养目标起着重要作用。在教育部、广东省和中山大学等教学质量工程项目的支持下，我们以教师为主体，及时地把本学科发展的新成果引入教材，并突出以学生为中心，使教学内容更具针对性和适用性。谨此对所有参与系列教材建设的教师和学生表示感谢。

  系列教材建设是一项长期持续的过程，我们致力于突出前沿性、科学性和适用性，并强调内容的衔接，以形成完整知识体系。

  因时间仓促，教材中难免有所不足和疏漏，敬请不吝指正。

《高等院校海洋科学专业规划教材》编审委员会

前　言

为配合我国海洋强国战略的实施，中山大学于2008年成立了海洋科学学院。经过10年来的努力，我校海洋科学学院建设取得了长足发展。在2015年学院制定的"海洋科学专业培养方案"中，明确了"海洋化学实验"作为"学科大类核心课程"的重要地位。"海洋化学实验"是海洋科学专业开设的一门实验必修课，是实践教学的重要环节，也是海洋化学理论课教学不可缺少的一部分，与理论课程紧密联系。作为"海洋化学"课程的重要实践环节，《海洋化学实验》教材在培养学生实验动手能力、创新能力和科学研究的初步训练等方面具有重要意义。

本教材是以最新制定的教学大纲为依据，在内容编排上，贯彻"基础、提高、综合、创新"的指导思想，在我们使用多年的《海洋化学实验》讲义的基础上精选、修改、补充和完善，参照国内高校海洋化学实验的教学现状，结合多年来的教学实践经验，及当前国内相关高校海洋化学实验室建设的发展方向编写而成。本书共选编了45个实验，分为基础型实验、综合型实验和设计型实验三大部分。教材内容具有如下特色：

1. 实验对象涵盖范围广泛。包括海洋环境、海洋沉积物、大洋多金属结核－结壳和海洋生物等。

2. 注意吸收国际前沿分析测试技术。包括离子选择性分析技术。气相色谱技术、原子吸收光谱技术、电感耦合等离子体原子发射光谱技术和电感耦合等离子体质谱技术等。

3. 学科交叉显著。在分析化学、海水分析化学、有机化学、无机化学、环境化学、岩矿测试等实验手段均有体现。

4. 实验内容与理论课关联度高。包括海水的重要化学性质、海水中的常量元素、海水中的次量元素、海水中的营养元素、海水中的微量－痕量元素、海水中的有机物和海洋中的重要矿产资源等。

5. 创新设计型实验内容紧密跟踪国际前沿重大科学问题，部分实验内容来自于我院教师科研成果的转化，具有我院特色。如海洋环境重金属污染、海洋资源的开发利用和海洋在长期气候变化中的作用。

6. 注重启发性教学和创新意识的培养。基础型和综合型实验由实验目的、实验原理、实验步骤、注意事项和问题思考组成，注重培养学生的基本知识和基本操作技能，同时强调海洋化学实验的特殊性和综合性；而创新设计型实验仅提供设计要求、问题提示，注重培养学生在查阅文献的基础上，提出问题、分析问题，以及应用所学知识解决实际问题的能力。

教材编著者均是长期负责一线实验教学工作的教师，具有丰富的实验教学经验。教材编写分工如下：黄希哲负责基础型实验编写；杨颖负责综合型实验编写；石贵勇负责设计创新型实验编写并负责统稿和定稿。在教材建设过程中，刘岚、邹世春、陈保卫等同志给予了合理的建议，实验室的其他同志也在教材编写和课程开设中给予了许多帮助，他们是李国富、王美珍和薛玉琪。此外，研究生周莉同学负责教材中插图绘制工作，贾梦影同学参与了教材校对和编辑工作。

由于编著者水平有限，书中错误和不当之处在所难免。此外，随着海洋化学学科的不断深入和发展，分析测试技术的不断进步，教材也可能存在未能将相关领域的重要内容编入其中的问题，热诚希望广大师生给予批评指正。

感谢海洋科学学院的领导，他们为教材的编写出版给予了热情关心、支持和帮助！

感谢中山大学教材出版基金资助！

编著者

2017 年 10 月

目　　录

第一部分　基础型实验 ……………………………………………… 1

实验1　海水 pH 值的测定 ……………………………………… 1
　　　　玻璃电极法 ……………………………………………… 1

实验2　海水电导率的测定 ……………………………………… 4
　　　　电极法 …………………………………………………… 4

实验3　悬浮物的测定 …………………………………………… 6
　　　　过滤称量法 ……………………………………………… 6

实验4　盐度的测定 ……………………………………………… 9
　　　　仪器分析法 ……………………………………………… 9

实验5　浑浊度的测定 …………………………………………… 11
　　　　5.1　浊度计法 …………………………………………… 11
　　　　5.2　目视比浊法 ………………………………………… 12
　　　　5.3　光度法 ……………………………………………… 14

实验6　阴离子合成洗涤剂的测定 ……………………………… 15
　　　　亚甲蓝光度法 …………………………………………… 15

实验7　挥发性酚的测定 ………………………………………… 17
　　　　4-氨基安替比林-三氯甲烷萃取光度法 ……………… 17

实验8　氯化物的测定 …………………………………………… 22
　　　　硝酸银容量法 …………………………………………… 22

实验9　溶解氧的测定 …………………………………………… 24
　　　　碘量法 …………………………………………………… 24

实验10　氨氮的测定 ……………………………………………… 25
　　　　10.1　靛酚蓝光度法 …………………………………… 25
　　　　10.2　次溴酸盐氧化法 ………………………………… 28
　　　　10.3　纳氏试剂光度法 ………………………………… 29

实验 11　亚硝酸盐氮的测定 …………………………………………… 31
　　　　　萘乙二胺光度法 ………………………………………………… 31
实验 12　硝酸盐氮的测定 ……………………………………………… 33
　　　　　12.1　镉柱还原法 ……………………………………………… 33
　　　　　12.2　锌-镉还原法 …………………………………………… 36
实验 13　无机磷的测定 ………………………………………………… 36
　　　　　13.1　磷钼蓝光度法 …………………………………………… 36
　　　　　13.2　磷钼蓝萃取光度法 ……………………………………… 38
实验 14　氰化物的测定 ………………………………………………… 39
　　　　　14.1　异烟酸-吡唑啉酮光度法 ……………………………… 39
　　　　　14.2　吡啶-巴比土酸光度法 ………………………………… 44
实验 15　硫化物的测定 ………………………………………………… 46
　　　　　15.1　亚甲基蓝光度法 ………………………………………… 46
　　　　　15.2　离子选择电极法 ………………………………………… 49
实验 16　海水中氟离子的测定 ………………………………………… 53
　　　　　离子选择性电极法 ……………………………………………… 53

第二部分　综合型实验 …………………………………………………… 56

实验 17　硅酸盐的测定 ………………………………………………… 56
　　　　　17.1　硅钼黄光度法 …………………………………………… 56
　　　　　17.2　硅钼蓝光度法 …………………………………………… 59
实验 18　汞的测定 ……………………………………………………… 61
　　　　　18.1　冷原子吸收光谱 ………………………………………… 61
　　　　　18.2　双硫腙光度法 …………………………………………… 63
实验 19　铜的测定 ……………………………………………………… 67
　　　　　19.1　原子吸收光谱法 ………………………………………… 67
　　　　　19.2　石墨炉原子吸收光谱法 ………………………………… 69
实验 20　铅的测定 ……………………………………………………… 71
　　　　　20.1　原子吸收光谱法 ………………………………………… 71
　　　　　20.2　石墨炉原子吸收光谱法 ………………………………… 73
　　　　　20.3　双硫腙光度法 …………………………………………… 75

- 实验 21　镉的测定 ··· 77
  - 21.1　原子吸收光谱法 ··· 77
  - 21.2　石墨炉原子吸收光谱法 ·· 79
  - 21.3　双硫腙光度法 ·· 81
- 实验 22　锌的测定 ··· 83
  - 22.1　原子吸收光谱法 ··· 83
  - 22.2　双硫腙光度法 ·· 85
- 实验 23　总铬的测定 ··· 87
  - 23.1　二苯碳酰二肼光度法 ··· 87
  - 23.2　石墨炉原子吸收光谱法 ·· 89
- 实验 24　砷的测定 ··· 91
  - 24.1　砷化氢-硝酸银光度法 ·· 91
  - 24.2　氢化物原子吸收光谱法 ·· 93
- 实验 25　硒的测定 ··· 96
  - 25.1　荧光光度法 ··· 96
  - 25.2　二氨基联苯胺光度法 ··· 97
- 实验 26　电感耦合等离子体光谱法测定海水中 10 种元素 ··········· 99
- 实验 27　电感耦合等离子体质谱法测定海水中多种痕量元素 ······ 101
- 实验 28　耗氧量的测定 ··· 104
  - 碱性高锰酸钾氧化法 ·· 104
- 实验 29　生化需氧量的测定 ··· 106
  - 碘量法 ·· 106
- 实验 30　总有机碳的测定 ·· 108
  - 仪器分析法 ··· 108
- 实验 31　海水总碱度的测定 ··· 111
- 实验 32　海水中 666、DDT 的气相色谱法测定 ························· 115
- 实验 33　海水中狄氏剂气相色谱法测定 ··································· 118
- 实验 34　海带（紫菜）中碘的提取及其检验 ···························· 122
- 实验 35　海水中氯化钠的提取与纯化 ······································ 123

第三部分　设计型实验 ·· 126

 实验 36　海洋沉积物吸附水的测定 ··· 126

 实验 37　海洋沉积物 X 射线荧光光谱测定主、次量元素 ·········· 127

 实验 38　海洋沉积物中稀土元素的电感耦合等离子体原子发射
     光谱测定 ··· 127

 实验 39　大洋多金属结核（结壳）铂族元素的测定 ···················· 128

 实验 40　海水中溴的提取 ··· 129

 实验 41　大洋多金属结核（结壳）多金属元素电感耦合等离子体
     原子发射光谱分析 ··· 130

 实验 42　海洋鱼类样品中重金属元素电感耦合等离子体原子发射
     光谱分析 ··· 131

 实验 43　珊瑚中微量元素电感耦合等离子体质谱分析 ·············· 131

 实验 44　海带（紫菜）中重金属元素电感耦合等离子体原子发射
     光谱分析 ··· 132

 实验 45　海水中金的富集与测定 ··· 133

附录 ·· 134

 附录 1　实验室安全常识 ··· 134

 附录 2　实验室常用分析仪器使用规程 ··· 142

主要参考文献 ··· 160

第一部分 基础型实验

在普通化学实验的基础上,海洋化学基础型实验着重训练学生的基本知识、基本操作和基本技能,使学生掌握常用仪器的基本操作、标准溶液的配制及其标定、定量分析测试技术(容量法、重量法、分光光度法和离子选择性电极法),同时培养学生严谨的科学态度和熟练的实验技能,为后续实验教学奠定坚实的基础。

实验1 海水pH值的测定

玻璃电极法

1. 实验目的

(1)了解电位法测定海水的pH值的方法原理。
(2)掌握pH计的测量原理及正确操作方法。

2. 方法提要

在同一温度下,分别测定同一玻璃-甘汞电极对在标准缓冲溶液和水样中的电动势,则水样的pH值为:

$$\mathrm{pH}(x) = \mathrm{pH}(s) + \frac{E_x * E_s}{2.3026RT/F}$$

式中:$\mathrm{pH}(x)$为水样中的pH值;$\mathrm{pH}(s)$为标准缓冲溶液的pH值;E_x为玻璃-甘汞电极对插入水样的电动势;E_s为玻璃-甘汞电极对插入标准缓冲溶液中的电动势;R为气体常数;F为法拉第常数;T为绝对温度,K。

在25℃时,溶液pH每改变一个单位,就产生59.16 mV的电位差。用标准缓冲溶液校准定位后,再将电极放入水样中,即可在酸度计上直接读出pH值。水样的色度、浑浊度、胶体颗粒、游离氯、氧化还原电位以及含盐量等干扰较小。当pH>9.5时,大量的钠离子会引起较大误差,读数偏低。本法的测定范围和精密度,决定于所选用的pH电极和酸度计。

3. 仪器和装置

酸度计（pH 计）
pH 复合电极　由玻璃电极和参比电极组合在一起
温度计（精度 0.1 ℃）

4. 试剂

pH 标准缓冲溶液　由袋装 pH 标准缓冲溶液配制，按袋上的说明配制成所需要的浓度，保存于聚乙烯瓶中。同时配制两种或三种标准缓冲溶液。配制标准溶液所用的蒸馏水应符合下列要求：煮沸除去 CO_2 并冷却，电导率小于 2 μs/cm，其 pH 以 6.7～7.3 为宜。

5. 分析步骤

（1）按所选用的酸度计说明书要求，调试好仪器，并在电极架上装好 pH 复合电极，使电极泡浸入蒸馏水中 1 h 以上。测量时用滤纸将电极水分吸干，用待测溶液润洗电极 2～3 次，并倒溶液 30～50 mL 于烧杯中，然后将电极放入溶液进行读数。

（2）仪器定位。在测试样品前，首先用标准缓冲溶液定位。定位所选标准缓冲溶液的 pH 值并与待测溶液的 pH 值接近。两点定位步骤如下：

1）将"pH－mV"选择开关置于"pH"位置，斜率调节至于 100% 位置。

2）选用第一种标准缓冲溶液定位。调节温度补偿器的刻度与溶液温度一致，待读数稳定后，调节定位调节器，使仪器显示读数为该标准缓冲溶液的 pH 值。

3）然后选用第二种标准缓冲溶液，待读数稳定后，调节斜率调节器，使仪器显示读数为该标准缓冲溶液的 pH 值。

当测试精度要求不高时，可以采用一点定位法。

定位完毕，"定位"旋钮就不得随意旋动，否则需重新定位。另外，如果仪器使用 2～3 h 后，或者温度变化超过 2 ℃ 时需重新定位。

（3）试样测定。将电极插入待测溶液，调节温度补偿器的刻度与溶液温度一致，不时旋动盛溶液的烧杯，使电极定位充分平衡后读数。

测试结束后，用蒸馏水将电极淋洗干净，用滤纸吸干水分，放入充满 3 mol/L KCl 溶液的套头中，存放在电极盒内。

6. 结果校正

将实验室测得的数据换算成现场的 pH 值，按下式进行温度和压力校正：

$$pH(w) = pH(m) + \alpha(t_m - t_w) - \beta d$$

式中：$pH(w)$ 和 $pH(m)$ 分别为校正后的现场 pH 值和实验室测定的 pH 值；t_m 和 t_w 分别为实验室和现场测定的水温，℃；d 为水样深度，m；α 为温度校正系数；β 为压力校正系数。

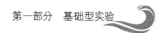

$\alpha(t_m - t_w)$ 和 β 值由表 1.1 和表 1.2 中查得。

水样深度小于 500 m 时不作压力校正，则上式简化为

$$\text{pH}(w) = \text{pH}(m) + \alpha(t_m - t_w)$$

表 1.1　pH 测定的温度校正值 $\alpha(t_m - t_w)$

$(t_m - t_w)/℃$ \ pH	7.5	7.6	7.7	7.8	7.9	8.0	8.1	8.2	8.3	8.4	8.5	8.6
1	0.01	0.01	0.01	0.01	0.01	0.01	0.01	0.01	0.01	0.01	0.01	0.01
2	0.02	0.02	0.02	0.02	0.02	0.02	0.02	0.02	0.02	0.02	0.02	0.02
3	0.03	0.03	0.03	0.03	0.03	0.03	0.03	0.03	0.03	0.03	0.03	0.04
4	0.03	0.03	0.04	0.04	0.04	0.04	0.04	0.04	0.04	0.05	0.05	0.05
5	0.04	0.04	0.04	0.05	0.05	0.05	0.05	0.05	0.06	0.06	0.06	0.06
6	0.05	0.05	0.05	0.06	0.06	0.06	0.06	0.06	0.07	0.07	0.07	0.07
7	0.06	0.06	0.06	0.07	0.07	0.07	0.07	0.07	0.08	0.08	0.08	0.08
8	0.07	0.07	0.07	0.07	0.08	0.08	0.08	0.08	0.09	0.09	0.09	0.09
9	0.07	0.07	0.08	0.08	0.09	0.09	0.09	0.10	0.10	0.10	0.10	0.11
10	0.08	0.08	0.09	0.09	0.10	0.10	0.10	0.11	0.11	0.11	0.12	0.12
11	0.09	0.09	0.10	0.10	0.11	0.11	0.11	0.12	0.12	0.13	0.13	0.13
12	0.10	0.10	0.11	0.11	0.12	0.12	0.12	0.13	0.13	0.14	0.14	0.14
13	0.11	0.11	0.12	0.12	0.12	0.13	0.13	0.14	0.14	0.15	0.15	0.16
14	0.12	0.12	0.13	0.13	0.13	0.14	0.14	0.15	0.15	0.16	0.16	0.17
15	0.13	0.13	0.14	0.14	0.14	0.15	0.15	0.16	0.16	0.17	0.17	0.18
16	0.13	0.14	0.14	0.15	0.15	0.16	0.17	0.18	0.18	0.19	0.19	0.19
17	0.14	0.15	0.15	0.16	0.16	0.17	0.18	0.18	0.19	0.19	0.20	0.20
18	0.14	0.15	0.16	0.17	0.17	0.18	0.19	0.19	0.20	0.20	0.21	0.22
19	0.15	0.16	0.17	0.18	0.18	0.19	0.20	0.20	0.21	0.21	0.22	0.23
20	0.16	0.17	0.18	0.19	0.19	0.20	0.21	0.21	0.22	0.23	0.23	0.24
21	0.17	0.18	0.19	0.20	0.20	0.21	0.22	0.22	0.23	0.24	0.24	0.25
22	0.18	0.19	0.20	0.20	0.21	0.22	0.23	0.23	0.24	0.25	0.26	0.26
23	0.19	0.20	0.21	0.21	0.22	0.23	0.24	0.24	0.25	0.26	0.27	0.28
24	0.20	0.21	0.22	0.22	0.23	0.24	0.25	0.25	0.26	0.27	0.28	0.29
25	0.21	0.22	0.22	0.23	0.24	0.25	0.26	0.26	0.28	0.28	0.29	0.30

表 1.2　pH 测定的压力校正系数 β

pH (m)	7.5	7.6	7.7	7.8	7.9	8.0	8.1	8.2	8.3	8.4
$\beta/10^{-6}$	35	31	28	25	23	22	21	20	20	20

思考题

1. 海水样品的 pH 测量值与现代海水的平均 pH 值相比有何偏离？其影响因素是什么？
2. 使用 pH 计应注意哪些问题？
3. 复合电极的使用与维护应该注意哪些问题？

实验 2　海水电导率的测定

电极法

1. 实验目的

（1）了解海水电导率与氯度的关系。
（2）掌握电导率仪的测量原理及正确操作方法。

2. 方法提要

在电场作用下，海水中离子所产生电导的强弱（以电导率表示），用电导率仪可直接测出。

3. 仪器和装置

电导率仪
铂电极（测电导专用）
温度计（0～50℃，精确至 ±0.1℃）

4. 试剂

氯化钾标准溶液（0.01 mol/L）　称取经 105～110℃ 烘干 2 h 的氯化钾 0.745 5 g 于烧杯中，用煮沸除去二氧化碳冷却后的去离子水（电导率应小于 1.0 μS/cm）溶解，移至 1 000 mL 容量瓶中定容。25℃ 时，此溶液电导率为 1.413×10^3 μS/cm。

5. 分析步骤

（1）电极常数的测定。如铂电极上未标明电极常数，则按以下步骤测定，并计算电极常数 Q。

取 25～30 mL 氯化钾标准溶液于干净的烧杯中，插入已清洗干净的铂电极，电极引线与电导率仪相连。在恒温 25℃ 条件下，按仪器说明书操作，准确测出电导值

G。重复测定 3～5 次。从表 2.1 中查出氯化钾标准溶液的电导率，按下式计算铂电极的电极常数：

$$Q = \frac{1}{G_{KCl}} \times \kappa_{KCl}$$

式中：Q 为铂电极的电极常数，cm^{-1}；G_{KCl} 为 25℃时测得氯化钾标准溶液的电导值，μS；κ_{KCl} 为从表 2.1 中查出的 25℃时氯化钾溶液的标准电导率值，$\mu S/cm$。

表 2.1　25℃时氯化钾溶液的标准电导率

氯化钾溶液浓度/ $mol \cdot L^{-1}$	电导率/ $\mu S \cdot cm^{-1}$	氯化钾溶液浓度/ $mol \cdot L^{-1}$	电导率/ $\mu S \cdot cm^{-1}$
0.000 1	14.94	0.02	2 767
0.000 5	73.90	0.05	6 668
0.001 0	147.00	0.10	12 900
0.005 0	717.80	0.20	24 820
0.010 0	1 403.00	0.50	58 640

（2）试样测量。根据试样电导率的大致范围，按表 2.2 选择适当的电极。按所选电极的电极常数，调好仪器上电极常数调节旋钮的位置，并将量程选择旋钮放在适当的档位上。

表 2.2　电极选择

水样类型	电导率范围/$\mu S \cdot cm^{-1}$	选用电极
溶解性总固体极低的水或蒸馏水	$< 1 \times 10$	光亮铂电极
一般地下水	$1 \times 10 \sim 1 \times 10^4$	铂黑电极 $Q \approx 1$
高溶解性总固体的水	$> 1 \times 10^4$	铂黑电极 $Q \approx 10$

取适量经稀释 10 倍后的海水样品冲洗 50 mL 烧杯并冲洗电极 3 次，再取适量稀释海水样品，将电极浸入水中，按仪器操作步骤测量，读取表头数值，即为 $t(℃)$ 时的电导率（κ_t），同时测量试样温度 $t(℃)$。

测量完毕，用去离子水洗净电极，用滤纸吸干电极表面水分（切勿擦试电极的铂黑镀膜）；在不使用时，将其装入电极盒内保存。

海水样品的电导率（25℃）用下式计算：

$$\kappa_{25} = \kappa_t / [1 - 0.02(25 - t)]$$

式中：κ_{25} 为 25℃时水样的电导率，$\mu S/cm$；κ_t 为温度 $t(℃)$ 时测得稀释水样的电导率，$\mu S/cm$；t 为测量时试样的温度，℃。

如采用电极常数为 10 的电极，且电极常数选择旋钮放在"1"的位置时，则测得的电导率 κ 值应乘以 10。

6. 注意事项

使用中如发现电极的铂黑脱落或读数不正常，则需按下述步骤重新镀铂黑或更换电极：

先将电极浸入王水中电解数分钟，每分钟改变电流方向一次，使铂黑溶解，待铂片恢复光亮后，用温热的铬酸洗液或（1+1）HCl浸洗，再用去离子水冲洗干净。然后将电极浸入氯铂酸–乙酸铅溶液［氯铂酸–乙酸铅混合溶液：分别称取1 g氯铂酸（$H_2PtCl_6 \cdot 6H_2O$）和0.012 g乙酸铅（$PbAc_2 \cdot 3H_2O$）于烧杯中，加水至100 mL，混匀，储存于棕色瓶内］中，并与1.5 V干电池的负极相接，干电池的正极和浸在同一溶液中的一段铂丝连接。电流强度应只允许产生少量气泡。每5 min改变电流方向一次，直到镀上一层均匀的铂黑为止。电极用去离子水洗净，并用滤纸吸干表面水分，装入盒内保存备用。保存氯铂酸–乙酸铅溶液供以后使用。

思考题

1. 海水的电导率与哪些因素有关？其与海水氯度的关系怎样？
2. 使用电导率仪应注意哪些问题？

实验3 悬浮物的测定

过滤称量法

1. 实验目的

（1）掌握重量法的测定原理和正确操作方法。
（2）了解海水悬浮物的准确测量。

2. 方法提要

一定体积的水样通过0.45 μm滤膜，称量留在滤膜上的悬浮物质的质量，计算海水中的悬浮物质浓度。本方法适用于河口、港湾和大洋水体中悬浮物质的测定。

3. 装置

取样器 使用何种采水器，视所需水样体积和分析要求而定。

过滤器 有机玻璃螺口过滤器（直径60 mm），适用于河口或浅海的高浓度水体；玻璃钳式过滤器（直径47 mm），适用于低浓度水体。

真空泵（抽气量30 L/min）

滤膜(孔径0.45 μm,直径47 mm或60 mm)

滤膜盒(直径50 mm、63 mm)

其他常用设备 量筒、锥形瓶、洗瓶、橡皮管、水桶、不锈钢镊子、气压表及样品箱等。

4. 分析步骤

操作流程如图3.1所示。

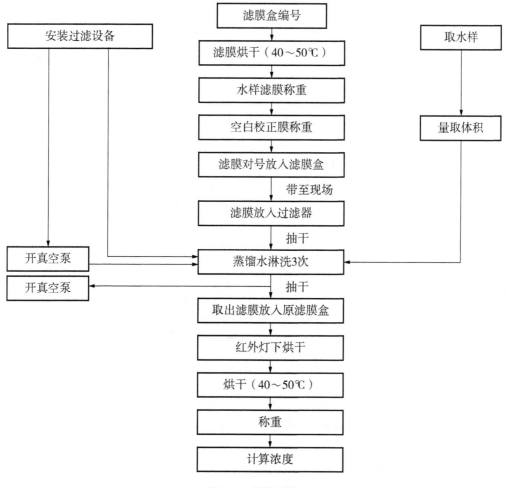

图3.1 操作流程

(1)船载现场分析出航前准备。滤膜盒洗净、烘干、编号。将滤膜在0.5 mol/L HCl中浸泡12 h,用蒸馏水冲洗至中性,在40~50℃下烘干,恒温6~8 h后,放入硅胶干燥器,冷却6~8 h。滤膜称重,直至恒重,并把称好的滤膜放入已编号的滤膜盒内。确定空白校正膜的数量并点上色点,区别于水样滤膜。

(2)安装过滤设备。按图3.2组装抽滤系统,过滤器装在抽滤瓶上,每个抽滤瓶由管连通到总管,并附各自独立的开关,可按需要连接若干个过滤器,在真空泵与过滤器之间装一个安全瓶,储存倒吸的海水。抽滤的适宜压力为 $5\times10^4 \sim 6\times10^4$ Pa,负压过大,悬浮物质颗粒会嵌入滤膜微孔,妨碍过滤。为此,在真空系统中须有压力表(过滤时,为防止海水倒灌,损坏真空泵,要及时放掉废水)。

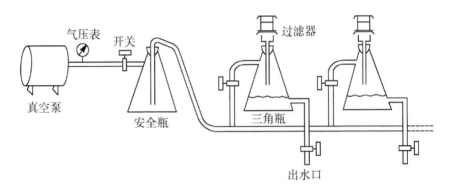

图 3.2 抽滤系统

(3)抽滤样品。用不锈钢镊子把预先称重为 m_1 的水样滤膜置于预先称重为 m_2 的空白校正膜的上面,放入过滤器中,装好。将水样振摇均匀,倒入量筒,量取一定体积的水样。开启真空泵,接通开关,将水样倒入过滤器内,量筒用蒸馏水洗净,并倒入过滤器。为了洗掉盐分,待水井抽干后,用蒸馏水淋洗悬浮物质 3 次,每次 50 mL,再抽干。用不锈钢镊子取下滤膜放在原滤膜盒内,置于红外灯下低温(50℃)烘干,或自然环境下风干,盖好滤膜盒盖。按次序保存,带回实验室。烘干样品时,必须保持周围环境清洁。样品置于红外灯下烘干时,温度不超过 50℃,一般红外灯泡与样品的距离不得小于 30 cm,避免滤膜卷曲或燃烧。

(4)室内工作。将滤膜放入电热恒温(40~50℃)干燥箱内,恒温脱水 6~8 h,取出放入硅胶干燥器,6~8 h 后再称重至恒重。选用分析天平的灵敏者,应视悬浮物质的多少而定。小于 50 mg 时,用十万分之一天平;大于 50 mg 时,则用万分之一天平。称量要迅速,过滤前后两次称量,天平室的温度、湿度要基本一致。

(5)滤膜空白校正。过滤时,醋酸纤维酯膜会因溶解而失重,直径 60 mm 膜失重 1.0~2.0 mg,直径 47 mm 膜失重 0.2~0.5 mg。为保证结果的准确性,滤膜的空白校正试验是必不可少的。滤膜空白校正与样品测定同时进行。当进行空白校正时,用两张滤膜过滤,其中一张点上色点,作为空白校正膜,放在水样滤膜的下面。在高浓度海区,10 个样品只需做 1~2 份空白校正,但每个测站至少要有一张空白试验膜。

按下列公式计算海水中悬浮物质的含量:

$$\rho = \frac{m_1 - m_2 - \Delta m}{V}$$

式中:ρ 为水样中悬浮物质的浓度,mg/L;m_1 为悬浮物加水样滤膜的质量,mg;

m_2 为水样滤膜的质量,mg;Δm 为空白校正滤膜的校正值,mg;V 为水样的体积,L。

空白校正滤膜校正值计算公式:

$$\Delta m = \frac{1}{n} \sum^{n} (m_n - m_b)$$

式中:m_n 为过滤后空白校正滤膜质量,mg;m_b 为过滤前空白校正滤膜质量,mg;n 为空白校正滤膜个数;Δm 应是负值。

5. 注意事项

(1) 海水样品可用玻璃、塑料或金属采样器采集。要现场过滤、烘干,按顺序保存好。如不能立即过滤,水样要放在阴凉处,但 24 h 内必须过滤完毕。

(2) 漂浮或浸没的不均匀固体物质不属于悬浮物质应该从水中除去。

(3) 测定水样用量。50~5 000 mL(视悬浮物浓度而定,大于 1 000 mg/L 者取 50~100 mL。小于 100 mg/L 时,量取 1 000~5 000 mL)。

思考题

1. 抽滤时的注意事项是什么?
2. 恒重的标准是什么?

实验 4 盐度的测定

仪器分析法

1. 方法提要

测量海水试样与标准海水在 101325 Pa 下的电导率比 K_{15},再查国际海洋常用表,得出海水试样的实用盐度。或由公式计算盐度 S:

$$S = a_0 + a_1 K_{15}^{0.5} + a_2 K_{15} + a_3 K_{15}^{1.5} + a_4 K_{15}^2 + a_5 K_{15}^{2.5}$$

式中:$a_0 = 0.0080$,$a_1 = -0.1692$,$a_2 = 25.385$,$a_3 = 14.0941$,$a_4 = 7.0261$,$a_5 = 2.7081$。$K = 0.0162$,

$$\sum a_i = 35.000, 2 \leqslant S \leqslant 42$$

$$K_{15} = \frac{c_{(S,15.0)}}{c_{KCl(32.4357,15,0)}}$$

$$\frac{c_{KCl(32.4356,t,0)}}{c_{(35,t,0)}} = 1 - 1.464 \times 10^{-3}(t-15) + 0.8969 \times 10^{-5}(t-15)^2$$

适用于在陆地或船上实验室中测量海水样品的盐度。典型的仪器应用范围：盐度 3‰～42‰，温度 -2～35℃。

2. 试剂

标准海水

3. 仪器和装置

盐度计 实验室用的盐度计分为感应式、电极式两种类型。
仪器型号不限，仅以 SYC2-2 型电极式盐度计为例介绍测量方法。
主要技术指标：测量范围 3～42 S；测量准确度 ±0.01 S；测量精密度 ±0.001 S；盐度分辨率 ±0.001 S。

4. 校准

启动水浴搅拌，取盐度接近 35‰（即 R_{15} 约为 1）的标准海水，注入并充满校准池和试样电导池（近操作者一侧），清洗 1～2 次，确认无气泡存留在电导池的两个电极间。

设置试样单元 R_t 的 5 个旋钮为标准海水的 R_{15}，调整校准单元 A 的 5 个旋钮：依次将检测增益放到 ×1～×10k 挡，调节校准单元 A 的相应旋钮使平衡指示器 μA 读数最小，记录此时的校准单元 A 读数。重复操作至第 5 个旋钮相差不超过 5 个单位。

打开显示开关，记录 R_t、校准单元的读数、水浴温度、盐度数据。关闭显示开关。

放尽试样电导池的标准海水。

5. 分析步骤

（1）启动水浴搅拌，将被测海水试样注入并充满试样的电导池中，清洗 1～2 次，确认无气泡存留在电导池的两个电极间。

（2）依次将检测增益放到 ×1～×10k 挡，相应调节测量单元 R_t 的 ×1～×0.00001 挡旋钮使平衡指示器 μA 读数最小。

（3）打开显示开关，记录 R_t、水浴温度、盐度数据。关闭显示开关。

（4）仪器自动计算和显示试样的盐度。记录仪器显示的盐度结果，应至少记录至小数点后第三位。

6. 注意事项

（1）样品瓶及瓶塞必须用同一水样严格清洗 3 次后，再装取测试水样。使用后的样品瓶应盛有部分海水，在下一次取样的时候放掉。

（2）向电导池内冲灌海水样品时，要注意避免电导池内有气泡产生。若有气泡，测量读数一般会偏小，此时应重新冲灌测量。

(3) 向电导池冲灌水样时，要先把样品容器内的残留水样放掉，擦干样品容器，再按分析步骤中所述程序进行。否则，残留水会污染水样。

(4) 连续测量时，应用标准海水或工作标准海水定时检验仪器，并将检测的数值填入记录表内；间断测量时，按需要随时检验校准仪器，确保测量数据的准确可靠，并将校准的情况，记入记录表内，以备分析参考。

思考题

1. 盐度与电导率的关系，是否有适用范围，可否直接由电导率仪测得海水的盐度？
2. 测量过程中需要注意什么？

实验 5　浑浊度的测定

5.1　浊度计法

1. 方法提要

以一定光强的光束照射水样，其透射光的强度与无浊纯水透射光的强度相比较而定值。适用于近海海域和大洋水浊度的测定。6 个实验室共同测定浊度为 4.5 mg/L、25 mg/L 的人工合成水样，重复性相对标准偏差为 1.1%，相对误差为 0.70%。

2. 仪器和装置

光电式浑浊度计　型号不限，仅以 GDS - 3 型为例。
具胶塞试剂瓶和一般实验室常备仪器和设备

3. 试剂

无浊纯水　取蒸馏水或去离子水，通过 0.2 μm 滤膜抽滤，贮存于聚乙烯桶中；贮前先用过滤水淋洗聚乙烯桶两次，弃去初滤水 200 mL。最好当天制备。

4. 分析步骤

(1) 浊度计接通电源，将光源灯预热 15～30 min。测定低浊度（0°～30°）水样，用长型比色皿，用无浊纯水做参比调零。将无浊纯水倒入比色皿内，并把比色皿有号码的一面对着仪器测定槽右侧，盖上盖子，缓慢的旋转微调，将表针调至表盘右端零标线处，即可取出比色皿。

(2) 水样测定。将被测水样倾入比色皿的标线处，然后放回仪器的测定槽内，比色皿有号码的一面对着测定槽的右端，盖上盖子，可直接读数。

测定高浊度（20°～100°）水样时，用短型比色皿。将无浊纯水注入短型比色皿至标线处，然后把20°基准版对着比色皿有号码一端插入，将比色皿有号码的一面对着仪器测定槽的一端，放入测定槽中间。盖上测定槽盖子，缓慢调节微调，将表针调至右端20°刻度值上。取下20°基准版，重新注入被测水样至比色皿的标线，然后将水样比色皿放入测定槽中间，盖上盖子，可直接读数。

当水样浑浊度超过100°时，可用无浊纯水进行稀释，再进行测定。若水样经稀释可按下式计算其浑浊度：

$$T_u = \frac{F \times (V_1 + V_2)}{V_2}$$

式中：T_u 为水样的浑浊度，（°）；V_1 为无浊纯水体积，mL；V_2 为原水样体积，mL；F 为仪器测定浊度值，（°）。

5. 注意事项

（1）除非另作说明，本法中所用试剂均为分析纯，水为无浊水或等效纯水。

（2）在测定浊度时，动作要迅速，从水样或标样充分振匀后倒入比色皿中算起，须在2 min内测读完毕。

（3）每次量取水样或标准液时，必须将水样瓶横放，上下强烈振荡30次后，立即取出水样。

思考题

1. 测量浊度的目的是什么？
2. 测量过程中如果样品分布不均匀如何处理？

5.2 目视比浊法

1. 方法提要

浊度与透视度呈反比关系，通过对水样与标准系列进行透视度比测，定值。本方法规定1000 mL纯水中含高岭土1 mg的浊度为1°。

本法适用于近海海域和大洋水浊度的测定。3个实验室分析了用无浊纯水配制水样，浓度分别为7.0 mg/L和50.0 mg/L，测试结果重复性相对标准偏差为3.78%，相对误差为4.10%。

2. 试剂

无浊纯水　取蒸馏水或去离子水，通过0.2 μm滤膜抽滤，储存于聚乙烯桶中，用过滤水淋洗聚乙烯桶2次，弃去初滤水200 mL，最好当天制备。

滤膜（0.2 μm）

二氯化汞溶液（50 g/L）（注意：二氯化汞剧毒，小心操作！）

焦磷酸钠溶液（50 g/L）

高岭土（机选特号）

浊度标准储备溶液 将高岭土置于（105±1）℃烘箱中烘干2 h，移入盛有硅胶的干燥器中，冷却30 min。称取3～5 g高岭土，置于玛瑙研钵中加少量水调成稀糊状，研磨约50 min，全部转移至1000 mL量筒中，补加纯水到1000 mL标线处，充分搅拌均匀后，在（20±0.5）℃下静置24 h。用虹吸法吸取上层800 mL悬浊液移入第2个1000 mL量筒中，补加无浊纯水到1000 mL标线处，充分搅拌后，再次置于（20±0.5）℃下静置24 h。用虹吸法吸除上层液800 mL，留取底层200 mL悬浊液并加纯水到1000 mL标线，然后盛于1000 mL棕色试剂瓶中，塞紧保存。

浊度标准储备溶液浊度的标定 量取50.0 mL标准储备溶液于恒量（m_1）的蒸发皿中，置于水浴锅上蒸干，移于105℃干燥箱中烘2 h。置于硅胶干燥器中冷却30 min，称量（m_2）。重复烘干、冷却、称量步骤，直到两次质量差小于0.2 mg。按下式计算浊度标准储备溶液中高岭土的质量浓度：

$$\rho_{高岭土} = \frac{m_2 - m_1}{V} \times 1000$$

式中：$\rho_{高岭土}$为浊度标准储备溶液中高岭土的质量浓度，mg/mL；V为量取浊度标准储备溶液的体积，50.0 mL；m_1为蒸发皿的质量，g；m_2为蒸发皿加烘干后高岭土的质量，g。

此浊度标准储备溶液浊度 = $\rho_{高岭土} \times 1000$。

浊度标准中间溶液 准确量取一定体积含有250 mg高岭土的标准储备溶液置于1000 mL容量瓶中，加入1.0 g二氯化汞（$HgCl_2$）；溶解后，补加无浊纯水至标线，充分混匀，转入具橡皮塞的棕色试剂瓶中。此标准中间溶液置于100 mL容量瓶中，加入0.50 mL焦磷酸钠溶液，加无浊纯水至标线，混匀。此液浊度为100°。

3. 校准曲线

取12支100 mL具塞比色管，分别加入0 mL、0.50 mL、1.00 mL、2.00 mL、3.00 mL、4.00 mL、5.00 mL、6.00 mL、7.00 mL、8.00 mL、9.00 mL、10.0 mL浊度标准溶液，再加入50.0 mL二氯化汞溶液，然后再加无浊纯水至标线，混匀。此系列浓度分别为0°、0.50°、1.00°、2.00°、3.00°、4.00°、5.00°、6.00°、7.00°、8.00°、9.00°、10.0°。

4. 分析步骤

将混匀的水样，倾入具塞比色管中至标线，立即同标准系列比较定量。水样浊度为0°～10°范围的测定，用黑色背景，垂直目视比较而定；10°以上的测定用黄色方格坐标纸为背景，根据水平透视方格线条的清晰度来定量。然后将测定值记入浑浊度记录表，取两位有效读数；若水样浊度超过 100°，则需用无浊纯水稀释水样至可测范围，将测定值乘以稀释倍数，即为原水样浊度。

5. 注意事项

（1）每次量取水样或标准液时，必须将水样瓶横放，上下强烈振荡 30 次后，立即取出水样。

（2）玻璃试剂瓶磨口与磨口塞之间，在启瓶对磨过程中，可增大所盛液体的浊度。因此所用水样瓶及试剂瓶，均应配换橡胶塞，并将橡胶塞置于盛纯水的烧杯中煮沸 2 h。

（3）水样中具有迅速下沉的碎屑及粗大沉淀物都可被测定为浊度。不洁净的玻璃器皿和空气泡，以及扰乱水样表面能见度的振动都能造成虚假结果。

（4）水样保存，在取样当天测定浊度。如果不可避免要保持更长时间，将水样保存暗处可达 24 h。如若在样品中加 $HgCl_2$ 固定剂，可保存 22 d。

（5）除非另作说明，本法中所用试剂均为分析纯，水为无浊水或等效纯水。

思考题

1. 配制标准溶液需要注意什么？
2. 本法适用于什么浊度范围的水溶液？

5.3 光度法

1. 方法提要

透射水样的光束，可被悬浊颗粒散射和吸收而消减，光的消减量与浊度呈相关关系。测定透过水样光亮的消减值，可通过与标准系列相比较而定值。水样中存在有色物质，会使所测浊度偏高，可改选适当波长或取水样上清液作参比，消除颜色的干扰。本法适用于近海海域和大洋水浊度的测定。3 个实验室共同测定浊度为 7.0 mg/L、50.0 mg/L 的人工合成水样，重复性相对标准偏差为 6.7%，相对误差为 5.1%。

2. 仪器和装置

船用分光光度计
具胶塞试剂瓶和一般实验室常备仪器和设备

3. 试剂

所用试剂同目视比浊法。

4. 校准曲线

准确量取 200 mL 250°标准溶液，移入 500 mL 容量瓶中，加入 0.5 mL 焦磷酸钠溶液，然后加入无浊纯水至标线，混匀。此液浊度为 100°。取 12 支 50 mL 具塞比色管，分别加入 100° 标准溶液 0 mL、0.50 mL、1.50 mL、2.50 mL、3.50 mL、4.50 mL、5.00 mL、15.0 mL、25.0 mL、35.0 mL、45.0 mL、50.0 mL，向各管补加无浊纯水至标线。各管浊度分别为 0°、1.0°、3.0°、5.0°、7.0°、9.0°、10°、30°、50°、70°、90°、100°。

每次振荡混匀一管，立即倒入 5 cm 比色皿，以无浊纯水为参比液，于波长 450 nm 处测量吸光度。以所得吸光度为纵坐标，浊度为横坐标，绘制校准曲线。

5. 分析步骤

将水样振荡混匀，立即倒入 5 cm 比色皿，以无浊纯水为参比液，于波长 450 nm 处测量吸光度。查校准曲线或用线性回归方程计算得浊度值。若水样浊度超过 100°时，用无浊纯水稀释至曲线范围内，再测量吸光度，查校准曲线得浊度（F）。若水样经稀释，水样浑浊度的计算参见前式。

6. 注意事项

（1）水样中具有迅速下沉的碎屑及粗大沉淀物可被测定为浊度。不洁净的玻璃器皿和空气泡，以及扰乱水样表面能见度的振动都能造成虚假结果。

（2）水样保存，在取样当天测定浊度。如果不可避免要保持更长时间，将水样保存暗处可达 24 h，若在样品中加 0.5 g/L $HgCl_2$ 固化剂，可保存 22 d。

（3）在测量吸光度时要迅速，从水样或标准样充分振匀后倒入比色皿中算起，须在 2 min 内测定。

思考题

1. 本法的光学原理是什么？（散射、反射、漫反射）
2. 本法的误差来源是什么？

实验6　阴离子合成洗涤剂的测定

亚甲蓝光度法

1. 方法提要

阴离子合成洗涤剂与亚甲基蓝反应，生成蓝色的离子对化合物，用氯仿萃取后，在波长 650 nm 处测量吸光度。

测定结果以直链烷基苯磺酸钠（LAS，烷基平均碳原子数为 12）的表观浓度表示，实际上是测定亚甲基蓝活性物质（MBAS）。

该方法适用于海水中阴离子洗涤剂的测定。检出限为 10.0 μg/L。

对有较深颜色的水样测定容易受到干扰。有机的硫酸盐、磺酸盐、羧酸盐、酚类以及无机的氰酸盐、硝酸盐和硫氰酸盐等会引起正干扰，有机胺类则引起负干扰。

2. 仪器和装置

分光光度计

分液漏斗（125 mL、250 mL）

3. 试剂

硫酸

直链烷基苯磺酸钠（LAS，烷基平均碳原子数为 12，标准试剂）标准储备溶液（1.00 mg/mL） 称取 100.0 mg LAS 溶于 50 mL 水中，全部转入 100 mL 容量瓶，加水至标线，混合备用。在冰箱内保存，至少可稳定 6 个月。

直链烷基苯磺酸钠（LAS）标准溶液（10.0 μg/L） 移取 10.0 mL 直链烷基苯磺酸钠标准储备溶液于 100 mL 容量瓶中，加水至标线，混匀。再量取 10.0 mL 此溶液于 100 mL 容量瓶中，加水至标线，混匀。在冰箱中保存可稳定 7 d。

氯化钠溶液（300 g/L）。

亚甲基蓝溶液（50 mg/L） 于 1000 mL 烧杯中加入 500 mL 水，加入 50 g 亚甲基蓝，搅拌下缓缓加入 6.8 mL H_2SO_4，加入 50 mg 亚甲基蓝指示剂，搅拌溶解。加水至 1000 mL，混匀。转入棕色试剂瓶保存。

酚酞指示液（0.025 g/mL） 称取 0.25 g 酚酞指示剂溶于 40 mL 无水乙醇，加水 10 mL，混匀。

氢氧化钠溶液（1 mol/L） 称取 10.0 g 氢氧化钠（NaOH）溶于水并稀释至 250 mL，混匀。贮存于聚乙烯瓶中。

氯仿

脱脂棉 以丙酮浸过后干燥。

4. 校准曲线

在 6 个 250 mL 分液漏斗中，分别加入 100.0 mL、99.5 mL、99.0 mL、98.0 mL、97.0 mL、95.0 mL 水，使用吸量管分别加入 0.00 mL、0.50 mL、1.00 mL、2.00 mL、3.00 mL、5.00 mL LAS 标准溶液（10.0 μg/mL），混匀。按样品分析步骤萃取，配制成浓度依次为 0.000 mg/L、0.050 mg/L、0.100 mg/L、0.200 mg/L、0.300 mg/L、0.500 mg/L 的校准曲线系列。在波长 650 nm 处，以氯仿参比调零，用 2 cm 比色皿测定萃取液的吸光度 A_i 和 A_0（标准空白吸光度）。

以 $(A_i - A_0)$ 为纵坐标，LAS 浓度为横坐标，绘制标准曲线。

5. 分析步骤

（1）量取 100 mL 水样置于 250 mL 分液漏斗中，各加 10 mL 300 g/L NaCl 溶液和 1 滴酚酞指示剂，滴加 1 mol/L NaOH 溶液至刚好显粉红色，滴加 0.5 mol/L H_2SO_4 至粉红色刚褪去。加 10 mL 氯仿，振摇半分钟（其间放气 2 次。振摇不要过于剧烈，以免形成乳浊液）。静置分层，倾斜转动分液漏斗让水面线扫过内壁，即可使壁上的氯仿液滴汇集到下层萃取液中。

（2）在 125 mL 分液漏斗中各加 50 mL 洗涤液，然后将上述萃取液分别放入。

在原来的 250 mL 分液漏斗中各加 10 mL 氯仿再萃取一次，萃取液分别并入上述 125 mL 分液漏斗中。

振摇 125 mL 分液漏斗半分钟（其间放气 2 次），静置分层。用小玻璃棒把少许脱脂棉塞入分液漏斗颈管内贴近活塞处，放出氯仿萃取液并入比色管，加氯仿至标线，混匀。

（3）在波长 650 nm 处，测定样品的吸光度 A_w、空白的吸光度 A_b。

据 $(A_w - A_b)$ 值在校准曲线上查得水样中阴离子洗涤剂浓度（mg/L）。

6. 注意事项

（1）玻璃仪器均经（1+3）HCl（或 HNO_3）浸泡，用自来水冲洗后再用蒸馏水洗净。分液漏斗活塞上的润滑脂用纸擦去，再用氯仿洗净。

（2）若萃取出现深蓝色絮状物，此絮状物不能放入盛洗涤液的分液漏斗中。若此漏斗颈内有水，要用脱脂棉先行吸去。

（3）水样应澄清，否则应用离心分离或滤纸过滤。

（4）采样后，当天进行测定。

思考题

1. 如振荡后的溶液为乳浊液，如何处理？对实验结果有什么影响？
2. 处理水样过程中，加入 NaCl、NaOH、H_2SO_4 的目的各是什么？

实验 7 挥发性酚的测定

4-氨基安替比林-三氯甲烷萃取光度法

1. 方法提要

被蒸馏出的挥发酚类在 pH 为 10.0 ± 0.2 和以铁氰化钾为氧化剂的溶液中，与

4-氨基安替比林反应形成有色的安替比林染料。此染料的最大吸收波长在 510 nm 处,颜色在 30 min 内稳定,用三氯甲烷萃取,可稳定 4 h 并能提高灵敏度,但最大吸收波长移至 460 nm。

本方法不能区别不同类型的酚,而在每份试样中各种酚类化合物的组成是不确定的。因此,不能提供含有混合酚的通用标准参考物,本方法用苯酚作为参比标准。

本方法适用于海水及工业排污口水体中低于 10 mg/L 酚含量的测定,酚含量超过此值,可用溴化滴定法。检出限为 1.1 μg/L。

2. 仪器与装置

分光光度计

蒸馏装置　全玻璃,包括 500 mL 玻璃蒸馏器。

空气冷凝管　如图 7.1 所示。

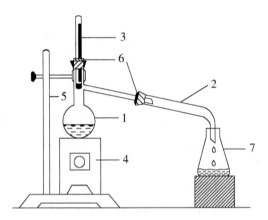

1—10 mL 或 25 mL 微量蒸馏烧瓶;2—空气冷凝管;3—250℃ 水银温度计;
4—电炉;5—铁架台;6—软木塞;7—三角烧瓶(收集苯酚)

图 7.1　苯酚蒸馏装置示意图

分液漏斗(250 mL)

微量蒸馏烧瓶(100 mL)

空气冷凝管(可用玻璃管自行弯制)

水银温度计(250℃)

棕色容量瓶(100 mL)

试剂瓶(125 mL,棕色)

3. 试剂

无酚水　普通蒸馏水置于全玻璃蒸馏器中,加 NaOH 至强碱性,滴入 $KMnO_4$ 溶液至深紫红色,放入少许无釉瓷片(沸石或玻璃毛细管亦可),加热蒸馏。弃去初馏分,收集无酚水于硬质玻璃瓶中,或于每升蒸馏水中加入 0.2 g 经 280℃ 活化 4 h 的活性炭粉末，充分振摇后用 0.45 μm 滤膜过滤。

磷酸

盐酸

三氯甲烷或二氯甲烷

硫酸铜溶液（100 g/L） 称取 10 g 硫酸铜（$CuSO_4 \cdot 5H_2O$）溶于水中并稀释至 100 mL。

淀粉溶液（10 g/L） 称取 1.0 g 可溶性淀粉，盛于 200 mL 烧杯中，加少量水调成糊状，加入 100 mL 沸水搅拌，冷却后加入 0.4 g $ZnCl_2$ 或 0.1 g 水杨酸防腐。

缓冲溶液（pH = 9.8） 称取 20 g 氯化铵（NH_4Cl）溶于 100 mL 浓氨水中，此溶液 pH 为 9.8。

4-氨基安替比林溶液（20 g/L） 称取 2 g 4-氨基安替比林溶于水中，并稀释至 100 mL。贮存于棕色瓶中，置于冰箱内，有效期 1 周。

铁氰化钾溶液（80 g/L） 称取 8 g 铁氰化钾 [$K_3Fe(CN)_6$] 溶于水中，并稀释至 100 mL。贮存于棕色瓶中，置于冰箱内，可稳定 1 周。颜色变深时，应重新配制。

溴酸盐-溴化物溶液 [$c(1/6KBrO_3) = 0.100$ mol/L] 称取 2.784 g 无水溴酸钾（$KBrO_3$）溶于水中，加 10 g 溴化钾（KBr）溶解后稀释至 1000 mL。

硫代硫酸钠标准溶液 [$c(Na_2S_2O_3) = 0.025$ mol/L]

精制苯酚 将苯酚置于 50～70℃ 热水浴中溶化，小心地移入 100 mL 蒸馏瓶中，用包有铝箔的软木塞塞紧，其中插有一支 250℃ 水银温度计，蒸馏瓶的支管与空气冷凝管连接，用一干燥的锥形烧瓶接收器。蒸馏装置示意图 7-1 所示。电炉加热蒸馏，弃去带色的初溜出液，收集 182～184℃ 馏分（无色）密封避光保存。

酚标准储备溶液 [$\rho(C_6H_5OH) = 1.00$ mg/mL] 称取 1.000 g 精制苯酚溶于水中，并稀释至 1000 mL。通常直接称取精制苯酚即可配标准溶液，若为未精制苯酚可按下法标定：移取 10.00 mL 待标定的酚标准储备溶液，注入 250 mL 碘容量瓶中，加入 50 mL 水、10.00 mL 0.100 mol/L $KBrO_3$-KBr 溶液及 5 mL HCl，立即盖紧瓶塞，摇匀。避光放置 5 min 后用 0.0250 mol/L $Na_2S_2O_3$ 标准溶液滴定，至呈淡黄色时，加入 1 mL 10 g/L 淀粉溶液，继续滴定至蓝色刚好消失为止，记下 $Na_2S_2O_3$ 标准溶液滴定体积 V_2。同时用水做试剂进行空白滴定，消耗 $Na_2S_2O_3$ 标准溶液体积为 V_1。

按下式计算酚标准储备溶液的浓度：

$$\rho_{f标} = (V_1 - V_2) \times 0.0250 \times 15.68 \times 1000/10$$
$$= (V_1 - V_2) \times 39.21$$

式中：$\rho_{f标}$ 为酚标准储备溶液的质量浓度，μg/mL；V_1 为空白试剂消耗硫代硫酸钠溶液的体积，mL；V_2 为酚储备溶液消耗标准硫代硫酸钠溶液的体积，mL。

酚标准中间溶液 [$\rho(C_6H_5OH) = 10.0$ μg/mL] 移取 10.0 mL（或相当于 10.0 mg 酚的体积）酚标准储备溶液（1.00 mg/mL），用水稀释至 1000 mL，摇匀。当天配置。

酚标准溶液 [$\rho(C_6H_5OH) = 1.00$ μg/mL] 移取 10.0 mL 酚标准中间溶液（10.0

μg/mL），用水稀释至 100 mL，摇匀。临用时配置。

甲基橙指示剂（2 g/L）

4. 水样保存及处理

酚类化合物易被氧化，应在采集后 4 h 内进行分析。否则，按下述措施予以保护：①水样收集在玻璃瓶；②用磷酸将水样品酸化到 pH 为 4.0，以防止酚类化合物分解；③向每升水样品中加入 2.0 g 硫酸铜（$CuSO_4 \cdot 5H_2O$）抑制生物对酚的氧化作用；④在 4℃ 的条件下冷藏水样，并在采样后 24 h 之内分析样品。

5. 校准曲线

分别移取 0 mL、0.50 mL、1.00 mL、2.00 mL、4.00 mL、7.00 mL、10.00 mL、15.00 mL 酚标准溶液（1.00 μg/mL）于一系列预先盛有 100 mL 水的 250 mL 分液漏斗中，加水至 200 mL。各溶液含酚浓度分别为 0 μg/L、2.50 μg/L、5.00 μg/L、10.0 μg/L、20.0 μg/L、35.0 μg/L、50.0 μg/L、75.0 μg/L。

向各分液漏斗内加入 1.0 mL pH = 9.8 的缓冲溶液混匀。再各加 1.0 mL 20 g/L 4 – 氨基安替比林溶液，混匀，加 1.0 mL 80 g/L 铁氰化钾溶液，混匀，放置 10 min。加 10.0 mL 三氯甲烷，振摇 2 min，静置分层，接取三氯甲烷提取液于比色皿中，在波长 460 nm 处，用三氯甲烷作参比，测量吸光度 A_i 和 A_0。

以吸光度（$A_i - A_0$）为纵坐标，酚浓度为横坐标，绘制校准曲线。

6. 分析步骤

（1）水样前处理。量取 200 mL 水样（若酚量高可少取水样），记下体积 V，加无酚水至 200 mL，置于 500 mL 全玻璃蒸馏器中，用（1 + 9）H_3PO_4 调节 pH 至 4.0 左右（以 2 g/L 甲基橙作指示剂，使水样由橘色变为橙红色）。加入 5 mL 100 g/L $CuSO_4$ 溶液，放入少许无釉瓷片（沸石或玻璃毛细管），加热。蒸出 150 mL 左右时，停止蒸馏，在沸腾停止后，向蒸馏瓶内加入 50 mL 无酚水，继续蒸馏，直到收集馏出液（D）大于或等于 200 mL 为止。若样品已加入 H_3PO_4 和 $CuSO_4$ 酸化保存，则可直接蒸馏（若水样经稀释则须补加 H_3PO_4 和 $CuSO_4$）。

（2）试样的测定。将馏出液（D）全部转入 250 mL 分液漏斗中，按校准曲线工作步骤加入 1.00 mL pH 为 9.8 的缓冲溶液等，测量吸光度 A_w。

（3）同时量取 200 mL 无酚水，按上述步骤操作，测定分析空白吸光度 A_b。

（4）由（$A_w - A_b$）查校准曲线或用线性回归方程计算水样中挥发酚的浓度。若是经稀释后再蒸馏的水样，则按下式计算其含酚质量浓度：

$$\rho_{样} = \rho_{fD} \times \frac{V_1}{V}$$

式中：$\rho_{样}$ 为水样中酚质量浓度，μg/L；ρ_{fD} 为查标准曲线得酚质量浓度，μg/L；V_1 为馏出液（D）体积，mL；V 为量取水样体积，mL。

7. 注意事项

（1）将水样蒸馏，馏出液清亮，无色，从而消除浑浊和颜色的干扰。铁（Ⅲ）能与铁氰酸根生成棕色产物而干扰测定，蒸馏将排除这一干扰。

（2）为了防止芳香胺（苯胺、甲苯胺、乙酰苯胺等）的干扰，调节 pH 为 9.8～10.2 最合适，因为此范围内 20 mg/L 苯胺所产生的颜色仅相当于 0.1 mg/L 酚的颜色。

（3）游离氯能氧化 4 - 氨基安替比林，还能与酚起取代反应生成氯酚。

（4）$NH_4OH - NH_4Cl$ 体系的缓冲液比较稳定，由于增大了溶液 NH_3 的浓度，可以抑制 4 - 氨基安替比林被氧化为安替比林红的反应。

（5）主试剂在空气中易变质而使底色加深，此外 4 - 氨基安替比林的纯度越高，灵敏度越高。如配制的 4 - 氨基安替比林溶液颜色较深时，可用活性炭处理脱色。

（6）过硫酸铵 $[(NH_4)_2S_2O_8]$ 可替代铁氰化钾 $[K_3Fe(CN)_6]$。

（7）测定酚的水样必须用全玻璃蒸馏器蒸馏，如用橡皮塞、胶皮管等联接蒸馏烧瓶及冷凝管，都能使结果偏高和出现假阳性而产生误差。

（8）各种试剂加入的顺序很重要，不能随意更改。

（9）停止蒸馏时，须防电炉余热引起的爆沸，以免将瓶塞冲起砸碎或沾污冷凝管。

（10）比色槽在连续使用的过程中，宜用氯仿荡洗，蒸发至干。

（11）水样干扰物质的消除。来自水体的干扰可能有分解酚的细菌、氧化及还原物质和样品的强碱性条件。在分析前除去干扰化合物的处理步骤中可能有一部分挥发酚类被除去或损失。因此，对一些高污染海水，为消除干扰和定量回收挥发酚类，需要较严格的操作技术。

1）氧化剂。水样中的氧化剂能将酚类氧化而使结果偏低。采样后取一滴酸化了的水样于淀粉 - 碘化钾试纸上，若试纸变蓝则说明水中有氧化剂。采样后应立即加入硫酸亚铁溶液或抗坏血酸溶液以除去所有的氧化性物质。过剩的硫酸亚铁或抗坏血酸在蒸馏步骤中被除去。

2）油类和焦油。如水样中含有石油制品等低沸点污染物，可使蒸馏液浑浊，某些酚类化学物还可能溶于这些物质中。采样后用分液漏斗分离出浮油，在没有 $CuSO_4$ 存在的条件下，先用粒状 NaOH 将 pH 调节至 12.0～12.5，使酚成为酚钠，以避免萃取酚类化合物。

尽快用四氯化碳（CCl_4）从水相中提出杂质（每升废水用 40 mL 四氯化碳萃取两次），并将 pH 调到 4.0。用三氯甲烷萃取时，须用无酚水作空白试剂，或先用 1 g/L NaOH 溶液洗涤三氯甲烷，以除去可能存在的酚。二氯甲烷可代替三氯甲烷，尤其在用 NaOH 提纯三氯甲烷溶液形成乳浊液时。

3）硫的化合物。酸化时释放出 H_2S 能干扰酚的测定，用 H_3PO_4 将水样酸化至 pH 为 4.0，短时间搅拌曝气即可除去 H_2S 及 SO_2 的干扰。然后加入足够的 $CuSO_4$ 溶

（100 g/L），使样品呈淡蓝色或不再有 CuS 沉淀产生。然后将 pH 调到 4.0。铜（Ⅱ）离子抑制了生物降解，酸化保证了铜（Ⅱ）离子的存在并消除样品为强碱性时的化学变化。

思考题

1. 为什么标定苯酚标准储备液的准确含量时，必须在碘量瓶中进行？
2. 还有哪些方法可用于海水中酚的测定？

实验 8　氯化物的测定

硝酸银容量法

1. 实验目的

（1）掌握容量法操作要领。
（2）学会使用基准试剂标定滴定液的准确浓度。
（3）学会分析天平的正确操作。

2. 方法提要

在中性或弱碱性溶液中，氯化物与硝酸银反应生成与铬酸钾反应难溶的氯化银沉淀；以铬酸钾为指示剂，当氯离子全部生成氯化银时，过量的银离子生成红色的铬酸银。根据硝酸银溶液的消耗量可计算氯离子的含量。溴化物、碘化物和氰化物能起相同的反应。硫化物、硫代硫酸盐产生干扰，可用过氧化氢予以消除。

主要反应如下：

$$Ag^+ + Cl^- = AgCl\downarrow \quad (白色沉淀，K_{sp} = 1.8 \times 10^{-10})$$

$$2Ag^+ + CrO_4^{2-} = Ag_2CrO_4\downarrow \quad (桔红色沉淀，K_{sp} = 2.0 \times 10^{-12})$$

滴定必须在中性或弱碱性溶液中进行，最适宜的 pH 范围为 6.5～10.5。

$$2H^+ + 2CrO_4^{2-} \rightleftharpoons 2HCrO_4^- \rightleftharpoons Cr_2O_7^{2-} + H_2O$$

本方法适用于海水中氯化物浓度的测定。测定范围（Cl^-）：0.28～200 mg/L。

3. 试剂

氯化钠标准溶液（0.0141 mol/L）　称取 824.0 mg 经 140℃ 干燥的 NaCl（光谱纯），置于烧杯中，加水溶解后移入 1000 mL 容量瓶中，用水稀释至刻度，摇匀。

硝酸银标准溶液（0.0141 mol/L）　称取 2.3952 g $AgNO_3$（99.99%）溶于水中，并稀释至 1000 mL，贮存于棕色试剂瓶中。存放处应避免阳光照射。

硝酸银标准溶液的标定 移取 10.00 mL 0.0141 mol/L NaCl 标准溶液至 250 mL 锥形瓶中,加 3～4 滴 0.5% K_2CrO_4 指示剂溶液,用 $AgNO_3$ 标准溶液滴定至出现红色沉淀。重复标定 3 份。

同时量取 10 mL 水,进行双份空白滴定。

按下式计算硝酸银标准溶液的浓度:

$$c(AgNO_3) = \frac{c(NaCl) \times 10}{V_2 - V_1}$$

式中:$c(AgNO_3)$ 为硝酸银标准滴定溶液的浓度,mol/L;$c(NaCl)$ 为氯化钠标准溶液浓度,mol/L;V_2 为氯化钠标准溶液消耗的硝酸银标准滴定溶液体积(平均值),mL;V_1 为空白滴定消耗的硝酸银标准滴定溶液体积(平均值),mL。

铬酸钾指示剂溶液(50 g/L) 称取 50 g 铬酸钾(K_2CrO_4)溶于少量水中,滴加 $AgNO_3$ 溶液至生成明显的红色沉淀。静置 12 h 后,过滤,并用水稀释至 1000 mL。

4. 操作步骤

(1)量取 10.00 mL 水样,使用容量瓶稀释至 250 mL。取稀释过的海水样品 10.00 mL 于 250 mL 锥形瓶中,加入 3～4 滴 K_2CrO_4 指示剂溶液,用 $AgNO_3$ 标准溶液滴定至出现红色沉淀为终点。

同时滴定 10 mL 纯水,确定试剂空白值。

(2)按下式计算海水中氯化物的含量:

$$\rho_{Cl} = \frac{c \times (V_1 - V_2) \times 35.45 \times 1000}{V}$$

式中:ρ_{Cl} 为海水中氯化物的浓度,mg/L;c 为硝酸银标准溶液浓度,mol/L;V_1 为滴定水样消耗的硝酸银标准滴定溶液体积,mL;V_2 为滴定空白溶液消耗的硝酸银标准滴定溶液体积,mL;V 为量取水样的体积,mL。

思考题

1. 准确配制 NaCl 标准溶液的浓度需要注意哪些问题?
2. 测定结果与标准海水的氯度有何偏离?其原因是什么?
3. 能否用分步沉淀的原理预先用硝酸银消除 Br^- 和 I^- 对测定带来的影响?

实验 9 溶解氧的测定

碘量法

1. 方法提要

水样中溶解氧与氯化锰和氢氧化钠反应,生成高价锰棕色沉淀。加酸溶解后,在碘离子存在下即释放出与溶解氧含量相当的游离碘。然后用硫代硫酸钠标准溶液滴定游离碘,换算溶解氧含量。

本方法适用于大洋和近岸海水及河水溶解氧的测定。

2. 试剂

碘化钾

硫酸

氯化锰溶液　称取 210 g 氯化锰($MnCl_2 \cdot 4H_2O$)溶于水,并稀释至 500 mL。

碱性碘化钾溶液　称取 250 g 氢氧化钠(NaOH),在搅拌下溶于 250 mL 水中,冷却后,加 75 g 碘化钾(KI),稀释至 500 mL,盛于具橡皮塞的棕色试剂瓶中。

硫代硫酸钠溶液(0.01 mol/L)

淀粉溶液(5 g/L)

碘酸钾标准溶液[$c(1/6KIO_3) = 0.01$ mol/L]　称取预先在 120 ℃ 烘干 2 h 后置于硅胶干燥器中冷却的优先级纯碘酸钾(KIO_3) 3.567 g,溶于水中,全部移入 1000 mL 容量瓶中,加水至标线,混匀。置于冷暗处,有效期为一个月。使用时量取 10.00 mL 并加水稀释至 100 mL。

3. 分析步骤

(1) 打开水样瓶塞,立即用定量加液器(管尖插入液面)依序注入 1.0 mL $MnCl_2$ 溶液和 1.0 mL 碱性 KI 溶液,塞紧瓶塞(瓶内不准有气泡),按住瓶盖将瓶上下颠倒不少于 20 次。样品静置后约 1 h 或沉淀完全后打开瓶塞(若水样瓶中全部滴定,则勿摇动沉淀,小心地虹吸出上部澄清液),立即用定量加液器注入 1.0 mL (1+1) H_2SO_4。塞好瓶塞,反复颠倒样品瓶至沉淀全部溶解。静置 5 min,小心打开溶解氧瓶塞,量取 100 mL(或适量)经上述处理后的水样,移入锥形瓶中(若全部滴定,可不移入锥形瓶),并顺瓶壁轻轻放入一个玻璃磁转子,将锥形瓶置入滴定台上。开动电磁搅拌器,用已标定的硫代硫酸钠溶液(0.01 mol/L)进行滴定。待溶液呈淡黄色时,加 1 mL 5 g/L 淀粉溶液,继续滴定至蓝色刚刚褪去。

(2) 按下式计算水样中溶解氧的质量浓度：

$$\rho_{O_2} = \frac{c \times V \times f_1 \times 8}{V_1} \times 1000$$

式中：ρ_{O_2} 为水样中溶解氧的质量浓度，mg/L；V 为滴定样品时用去硫代硫酸钠溶液体积，mL；c 为硫代硫酸钠溶液的浓度，mol/L；V_1 为滴定用全部或部分固定水样的体积，mL；$f_1 = \frac{V_2}{V_2 - 2}$，其中 V_2 为固定水样总体积（水样瓶的容积，mL），2 为加入氯化锰溶液和碱性碘化钾溶液的体积，mL。

饱和度的计算：

$$氧的饱和度 = \frac{\rho_{O_2}}{\rho'_{O_2}} \times 100\%$$

式中：ρ_{O_2} 为测得的含氧量，mg/L；ρ'_{O_2} 为现场的水温及氯度条件下，水样中氧的饱和含量，mg/L。

4. 注意事项

（1）采样时要同时记录水温和气压。如果水样中含有大于 0.1 mg/L 的游离氯，则应预先加 $Na_2S_2O_3$ 去除。如果含有藻类、悬浮物或活性污泥之类的生活絮凝体，则必须进行预处理；否则会干扰测定的准确性。

（2）滴定临近终点，速度不宜太慢，否则终点变色不敏锐。如终点前溶液呈紫红色，表示淀粉溶液变质，应重新配制。

思考题

1. 硫代硫酸钠溶液为什么需要标定？如何标定硫代硫酸钠溶液？标定过程中有哪些注意事项？
2. 碘量法过程中，加入淀粉的次序不同对实验结果有什么影响？
3. 海水中的溶解氧测定还有哪些方法？

实验 10 氨氮的测定

10.1 靛酚蓝光度法

1. 方法提要

在弱碱性介质中，以亚硝酰铁氰化钠为催化剂，氨与苯酚和次氯酸盐反应生成靛酚蓝，在波长 640 nm 处测量吸光度。

水样经 0.45 μm 滤膜过滤后盛于聚乙烯瓶中。须快速分析，不能延迟 3 h 以上。若样品采集后不能立即分析，则应快速冷冻至 -20℃。样品融化后立即分析。

2. 试剂

硫酸

柠檬酸钠溶液（480 g/L） 称取 240 g 柠檬酸钠溶于 500 mL 水中，加入 20 mL NaOH 溶液，加入数粒沸石，煮沸除氨直至溶液体积小于 500 mL。冷却后用水稀释至 500 mL。盛于聚乙烯瓶中。此溶液长期稳定。

氢氧化钠溶液 $c(0.5\ mol/L)$ 称取 10.0 g NaOH 溶于 1000 mL 水中，加热蒸发至 500 mL。盛于聚乙烯瓶中。

苯酚溶液 称取 38 g 苯酚（C_6H_5OH）和 400 mg 亚硝酰铁氰化钠溶于少量水中，稀释至 1000 mL，混匀。盛于棕色试剂瓶中，冰箱内保存。此溶液可稳定数月。

硫代硫酸钠溶液（0.10 mol/L） 称取 25.0 g 硫代硫酸钠（$Na_2S_2O_3 \cdot 5H_2O$）溶于少量水中，稀释至 1000 mL。加 1 g 碳酸钠（Na_2CO_3），混匀。转入棕色试剂瓶中保存。

淀粉溶液（5 g/L） 称取 1 g 可溶性淀粉，加少量水搅成糊状，加入 100 mL 沸水，搅匀，电炉上煮至透明。取下冷却后加 1 mL 冰醋酸，用水稀释至 200 mL。盛于试剂瓶中。

次氯酸钠溶液（3.54 mg/mL 有效氯） 市售品有效氯含量不少于 5.2%。此溶液使用时必须标定：加 50 mL H_2SO_4 溶液至 100 mL 锥形瓶中，加入约 0.5 g KI，混匀。加 1.00 mL NaOCl 溶液，以 $Na_2S_2O_3$ 溶液滴定至淡黄色，加入 1 mL 淀粉溶液，继续滴定至蓝色消失。记下 $Na_2S_2O_3$ 溶液的体积。

次氯酸钠使用溶液（1.50 mg/mL 有效氯） 用 NaOH 溶液稀释一定量的 NaOCl 溶液，使其 100 mL 中含 150 mg 有效氯。此溶液盛于聚乙烯瓶中，置冰箱内保存，可稳定数周。

铵标准储备溶液 $[p(N) = 0.10\ mg/mL]$ 称取 0.4716 g 硫酸铵 $[(NH_4)_2SO_4$，预先在 110℃ 烘 1 h，置于干燥器冷却]溶于少量水中，全部转入 1000 mL 容量瓶中，加水至标线，混匀。加 1 mL 三氯甲烷，振摇混合。贮存于棕色试剂瓶中，冰箱内保存。此溶液有效期半年。

铵标准溶液 $[p(N) = 10.0\ \mu g/mL]$ 移取 10.0 mL 铵标准储备溶液置于 100 mL 容量瓶中，加水至标线，混匀。临用时配制。

3. 仪器

分光光度计

4. 校准曲线

取 6 个 100 mL 容量瓶，分别加入 0 mL、0.30 mL、0.60 mL、0.90 mL、1.20 mL、

1.50 mL 铵标准溶液，加纯水或无氨海水至标线，混匀。浓度系列为（N）：0 mg/L、0.030 mg/L、0.060 mg/L、0.090 mg/L、0.12 mg/L、0.15 mg/L。

移取 35.0 mL 上述各溶液，分别置于 50 mL 具塞比色管中。各加入 1.0 mL 柠檬酸钠溶液，混匀。各加入 1.0 mL 苯酚溶液，混匀。各加入 1.0 mL NaOCl 使用溶液，混匀。放置 6 h 以上（淡水样放置 3 h 以上）。于 640 nm 波长处，用 5 cm 比色皿，以水作参比溶剂，测量吸光度 A_i，其中浓度为 0 mg/L 时溶液吸光度 A_0。

以吸光度（A_i-A_0）为纵坐标，氨–氮浓度（mg/L）为横坐标，绘制校准曲线。

5. 分析步骤

（1）移取 35.0 mL 已过滤的水样，分别置于 50 mL 具塞比色管中。

（2）参照上述绘制校准曲线步骤测定水样的吸光度 A_w。

（3）同时取 35.0 mL 无氨蒸馏水，分别置于 50 mL 具塞比色管中，按水样步骤测定分析空白吸光度 A_b。

（4）按以下不同情况计算水样氨氮的浓度：测定海水样时，若绘制校准曲线用盐度相近的无氨海水，可由（A_w-A_b）值查标准曲线直接得出氨氮浓度。

（5）对于海水或河口区水样，若绘制校准曲线时，用无氨蒸馏水，则水样的吸光度 A_w 扣除分析空白吸光度 A_b 后，还应根据所测水样的盐度乘上相应的盐误差校正系数 f（表 10.1），即据 $f(A_w-A_b)$ 查标准曲线得水样中氨氮的浓度。

表 10.1 盐误差校正系数

盐度（S）	盐效应校正系数（f）	盐度（S）	盐效应校正系数（f）
0~8	1.00	23	1.05
11	1.01	27	1.06
14	1.02	30	1.07
17	1.03	33	1.08
20	1.04	36	1.09

6. 注意事项

（1）测定中要避免空气中的氨对水样或试剂的沾污。

（2）采集氨氮低于 0.8 μg/L 的海水，用 0.45 μm 滤膜过滤后贮存于聚乙烯桶中，每升海水加 1 mL 三氯甲烷，混合后即可作为无氨海水使用。

（3）若发现苯酚出现粉红色则必须精制。步骤如下：取适量苯酚置蒸馏瓶中，缓慢加热，用空气冷凝管冷却，收集 182～184 ℃ 馏分。精制后的苯酚为无色结晶状。在酚的蒸馏过程中要注意暴沸和火灾。

（4）样品和标准溶液的显色时间保持一致，并避免阳光照射。

（5）该法重现性好，空白值低，有机氮化物不被测定；但反应慢，灵敏度略低。

思考题

1. 水样用 0.45 μm 滤膜过滤的目的是什么？如果不过滤对实验结果有什么影响？
2. 海水盐度影响氨氮的测量，其原理是什么？

10.2 次溴酸盐氧化法

1. 方法提要

在碱性介质中次溴酸盐将氨氧化为亚硝酸盐，然后以重氮－偶氮分光光度法测亚硝酸盐氮的总量，扣除原有亚硝酸盐氮的浓度，得氨氮的浓度。

水样经 0.45 μm 滤膜过滤后贮存于聚乙烯瓶中。分析工作不能延迟 3 h 以上，若样品采集后不能立即分析，则应快速冷冻至 −20 ℃保存，样品熔化后立即分析。

本法不能用于污染较重、含有机物较多的养殖水体。

2. 仪器

分光光度计

3. 试剂

盐酸

氢氧化钠溶液（400 g/L）　称取 200 g NaOH 溶于 1000 mL 水中，加热蒸发至 500 mL，盛于聚乙烯瓶中。

溴酸钾－溴化钾储备溶液　称取 2.8 g 溴酸钾（$KBrO_3$）和 20 g 溴化钾（KBr）溶于 1000 mL 水中，贮存于 1000 mL 棕色试剂瓶中。

次溴酸钠溶液　量取 1.0 mL $KBrO_3$－KBr 储备溶液于 250 mL 聚乙烯瓶中，加 49 mL 水和 3.0 mL HCl，盖紧摇匀，置于暗处。5 min 后加入 50 mL NaOH 溶液，混匀。临用前配制。

磺胺溶液（2 g/L）　称取 2.0 g 磺胺溶于 1000 mL HCl 中，贮存于棕色试剂瓶中。有效期为 2 个月。

盐酸萘乙二胺溶液（1.0 g/L）　称取 0.50 g 盐酸萘乙二胺溶于 500 mL 水，贮存于棕色试剂瓶中，冰箱保存。有效期为 1 个月。

铵标准储备溶液 [$\rho(N) = 0.10$ mg/mL]　同 10.1。

铵标准溶液 [$\rho(N) = 0.01$ mg/mL]　同 10.1。

4. 校准曲线

取 6 个 200 mL 容量瓶，分别加入 0 mL、0.20 mL、0.40 mL、0.80 mL、1.20 mL、1.60 mL 铵标准溶液，加水至标线，混匀。标准系列各点的浓度分别为

0 mg/L、0.010 mg/L、0.020 mg/L、0.040 mg/L、0.060 mg/L、0.080 mg/L。

各量取 50.0 mL 上述溶液，分别置于 100 mL 具塞锥形瓶中。各加入 5 mL NaOBr 溶液，混匀，放置 30 min。各加 5 mL 磺胺溶液，混匀，放置 5 min。各加入 1 mL 盐酸萘乙二胺溶液，混匀，放置 15 min。

于 543 nm 波长处，使用 5 cm 比色皿，以无氨蒸馏水作参比，测量吸光度 A_i，其中浓度为 0 mg/L 时溶液吸光度为 A_0。以吸光度 $A_i - A_0$ 为纵坐标，相应的浓度（mg/L）为横坐标，绘制校准曲线。

5. 分析步骤

（1）量取 50.0 mL 已过滤的水样分别置于 100 mL 具塞锥形瓶中。
（2）参照上述绘制校准曲线步骤测定水样的吸光度 A_w。
（3）量取 5 mL 刚配置的 NaOBr 溶液于 100 mL 具塞锥形瓶中，立即加入 5 mL 磺胺溶液，混匀。放置 5 min 后加 50 mL 水，然后加入 1 mL 盐酸萘乙二胺溶液，15 min 后测定分析空白的吸光度 A_b。
（4）根据测得数据和水样中原有亚硝酸盐氮的浓度（mg/L），由 $A_w - A_b$ 查校准曲线得水样中（$NO_2 - N$）+（$NH_3 - N$）的总浓度，按下式计算水样中氨氮的浓度：

$$\rho(NH_3 - N) = \rho(N_总) - \rho(NO_2 - N)$$

式中：$\rho(NH_3 - N)$ 为水样中氨氮的质量浓度，mg/L；$\rho(N_总)$ 为查校准曲线得氨氮（包括亚硝酸盐氮）的质量浓度，mg/L；$\rho(NO_2 - N)$ 为亚硝酸盐氮的质量浓度，mg/L。

6. 注意事项

（1）测定中要严防空气中的氨对水样、试剂和器皿的沾污。
（2）当水温高于 10℃ 时，氧化 30 min 即可；若低于 10℃，氧化时间应适当延长。
（3）在条件许可下，最好用无氮海水绘制校准曲线。
（4）加入盐酸萘乙二胺试剂后，必须在 2 h 内测定完毕，并避免阳光照射。
（5）该法氧化率较高，快速、简便、灵敏，但部分氨基酸也被测定。

思考题

1. 溶液的 pH 对样品处理有什么影响？
2. 为什么测量波长定为 543 nm？

10.3 纳氏试剂光度法

1. 方法提要

在碱性溶液中，氨与纳氏试剂（K_2HgI_4）反应生成淡黄色至棕色的配合物

($Hg_2O \cdot NH_2I$)。在一定条件下,其发色强度与氨氮含量呈正比。

本法最低检测限为 1 μg/L。若取 50 mL 水样测定,检测下限为 0.02 mg/L。最佳检测范围为 0.04～2.4 mg/L。

2. 仪器和装置

分光光度计
全磨口玻璃蒸馏器

3. 试剂

所有试剂均为无氨蒸馏水配制,操作间应无氨气。

无氨蒸馏水 取 1000 mL 蒸馏水于蒸馏瓶中,加 1 mL H_2SO_4 和数粒高锰酸钾,进行重蒸馏。

酒石酸钾钠溶液 称取 50 g 酒石酸钾钠溶于无氨蒸馏水中。

碘化汞钾溶液 称取 5 g 碘化钾(KI)溶于 5 mL 无氨蒸馏水中,称取 3.5 g 氯化汞($HgCl_2$)溶于无氨蒸馏水中,加热至沸后将其慢慢倒入碘化钾溶液中,至生成的红色沉淀不再溶解为止。用玻璃棉过滤。向滤液中加入 30 mL 500 g/L KOH 溶液和 0.5 mL $HgCl_2$ 溶液,用无氨蒸馏水稀释至 100 mL,低温处保存。

铵离子标准溶液储备液 [$\rho(NH_4^+)$ = 0.500 mg/mL] 称取于 90℃烘干的氯化铵(NH_4Cl) 1.4827 g 溶于无氨蒸馏水中,移入 1000 mL 容量瓶中定容。

铵离子标准溶液 [$\rho(NH_4^+)$ = 10 μg/mL] 取 10.0 mL 铵离子标准溶液储备液,用无氨蒸馏水稀释至 500 mL。

4. 校准曲线

移取含铵 0 μg、20 μg、30 μg、40 μg 的铵离子溶液于一系列 25 mL 比色管中,用无氨蒸馏水定容,在 20℃左右的环境中保温 20 min,加 1.0 mL 酒石酸钾钠溶液,摇匀。加 1.0 mL 碘化汞钾溶液,摇匀。放置 10 min,在分光光度计上,于波长 450 nm 处,用 2 cm 比色皿,以空白溶液作参比,测量其吸光度。以吸光度为纵坐标,铵离子浓度为横坐标,绘制校准曲线。

5. 分析步骤

取 25 mL 海水样于 25 mL 比色管中,以下按校准曲线的步骤进行,同时用无氨蒸馏水做空白试验。测量吸光度,从校准曲线上查得铵量。

水样中铵的质量浓度的计算公式:

$$\rho(NH_4^+) = \frac{m}{V}$$

式中:$\rho(NH_4^+)$ 为水样中氨(以铵离子计)的质量浓度,mg/L;m 为从校准曲线上查得的铵离子的质量,μg;V 为取样体积,mL。

表10.2 各种含氮形式的换算

质量浓度	$\rho(N)/$ mg·L^{-1}	$\rho(NH_3)/$ mg·L^{-1}	$\rho(NH_4^+)/$ mg·L^{-1}	$\rho(NH_4^+)/$ μmol·L^{-1}
$\rho(N)=1$ mg/L	1	1.216	1.288	71.4
$\rho(NH_3)=1$ mg/L	0.823	1	1.059	58.7
$\rho(NH_4^+)=1$ mg/L	0.777	0.944	1	55.4
$\rho(NH_4^+)=1$ mg/L	0.014	0.017	0.018	1

6. 注意事项

水样中存在干扰物时，应预先蒸馏。一般水样中干扰物含量甚微，可加入酒石酸钾钠后直接显色测定。水样中有干扰物存在时，应按下法对样品进行预蒸馏。

取水样 250 mL 于 500 mL 蒸馏器中，按含 250 mol/L Ca^{2+}，加 10 mL 磷酸盐缓冲溶液（14.3 g KH_2PO_4 和 68.8 g K_2HPO_4 溶于蒸馏水中，移入 1000 mL 容量瓶中定容，pH 为 7.4）。以 50 mL 0.02 mol/L H_2SO_4 为吸收液，将蒸馏器出水口导管插入吸收液中，检查蒸馏器各接口处不漏气后，加热蒸馏至体积约 240 mL，将溶液移入 250 mL 容量瓶中定容。

思考题

1. 余氯对实验结果有什么影响？如有，应如何处理？
2. 在制作标准样品的过程中需要注意什么？（比如温度等的影响）

实验11 亚硝酸盐氮的测定

萘乙二胺光度法

1. 方法提要

在酸性介质中亚硝酸盐与磺胺进行重氮化反应，其产物再与盐酸萘乙二胺偶合生成红色偶氮染料，于波长 543 nm 处测量吸光度。

大量硫化氢的存在会干扰测定，可在加入磺胺后用氮气驱除硫化氢。

可用有机玻璃或塑料采水器采集水样，经 0.45 μm 滤膜过滤后储存于聚乙烯瓶中，应快速分析，不能延迟 3 h 以上，否则须快速冷冻至 -20℃ 保存。水样融化后应立即分析。

2. 仪器

分光光度计

3. 试剂

磺胺溶液（10 g/L） 称取 5 g 磺胺溶于 350 mL（1+6）HCl，用水稀释至 500 mL，盛于棕色试剂瓶中，有效期为 2 个月。

盐酸萘乙二胺溶液（1 g/L） 称取 0.5 g 盐酸萘乙二胺溶于 500 mL 水中，盛于棕色试剂瓶中于冰箱内保存，有效期为 1 个月。

亚硝酸盐氮标准储备溶液 $[\rho(N) = 0.10 \text{ mg/mL}]$ 称取 0.4926 g 亚硝酸钠（$NaNO_2$，经 110℃烘干）溶于少量水中后全部转移入 1000 mL 容量瓶中，加水至刻度，混匀。加 1 mL 三氯甲烷（$CHCl_3$），混匀。贮存于棕色试剂瓶中于冰箱内保存，有效期为 2 个月。

亚硝酸盐氮标准溶液 $[\rho(N) = 5.0 \text{ μg/mL}]$ 移取 5.00 mL 亚硝酸盐氮标准储备溶液于 100 mL 容量瓶中，加水至刻度，混匀。临用前配制。

4. 校准曲线

取 6 个 50 mL 具塞比色管，分别加入 0 mL、0.10 mL、0.20 mL、0.30 mL、0.40 mL、0.50 mL 亚硝酸盐标准溶液，加水至标线，混匀。标准系列浓度为 0 mg/L、0.010 mg/L、0.020 mg/L、0.030 mg/L、0.040 mg/L、0.050 mg/L。

各加入 1.0 mL 磺胺溶液，混匀。放置 5 min。各加入 1.0 mL 盐酸萘乙二胺溶液混匀。放置 15 min。

于 543 nm 波长处，用 5 cm 比色皿，以水作参比，测其吸光度 A_i。其中浓度为 0 mg/L 时溶液吸光度为 A_0。

以吸光度（$A_i - A_0$）为纵坐标，浓度（mg/L）为横坐标，绘制校准曲线。

5. 分析步骤

（1）移取 50.0 mL 已过滤的水样于具塞比色管中。

（2）参照绘制校准曲线步骤测量水样的吸光度 A_w。

（3）量取 50.0 mL 二次去离子水于具塞比色管中，参照上述步骤测量分析空白吸光度 A_b。

（4）水样中亚硝酸盐氮的吸光度 $A_n = A_w - A_b$。由 A_n 值查校准曲线得水样中亚硝酸盐氮的浓度 $\rho(NO_2 - N)$（mg/L）。

6. 注意事项

（1）水样加盐酸萘乙二胺溶液后，须在 2 h 内测量完毕，并避免阳光照射。

（2）温度对测定的影响不显著，但以 10～25℃内测定为宜。

（3）标准曲线每隔1周须重制一次，当测定水样的实验条件与制定校准曲线的条件相差较大时，如更换光源或光电管以及温度变化较大时，须及时重制标准曲线。

思考题

1. 检测过程中如何避免样品被氧化？
2. 此实验的原理是什么？

实验 12　硝酸盐氮的测定

12.1　镉柱还原法

1. 方法提要

水样通过镉还原柱，将硝酸盐定量地还原为亚硝酸盐，然后按重氮-偶氮光度法测定亚硝酸盐氮的总量，扣除原有亚硝酸盐氮，得硝酸盐氮的含量。

水样可用有机玻璃或塑料采水器采集，用 0.45 μm 滤膜过滤，贮存于聚乙烯瓶中。分析工作不能延迟 3 h 以上，如果样品采集后不能立即分析，应快速冷冻至 −20℃。样品融化后应立即分析。

2. 仪器和装置

分光光度计
还原柱（图 12.1）

3. 试剂和材料

镉屑　直径为 1mm 的镉屑、镉粒或海绵镉。
盐酸（2 mol/L）　量取 83.5 mL HCl，加水稀释至 500 mL。
硫酸铜溶液（10 g/L）　称取 10 g 硫酸铜（$CuSO_4 \cdot 5H_2O$）溶于水并稀释至 1000 mL，混匀。盛于试剂瓶中。
硝酸盐标准储备溶液 [$\rho(N)$ = 0.10 mg/mL]　称取 0.7218 g 硝酸钾（KNO_3，预先在 110℃下烘 1 h，置于干燥器中冷却）溶于少量水中，用水稀释至 1000 mL，混匀。加 1 mL 三氯甲烷，混合。贮存于 1000 mL 棕色试剂瓶中，于冰箱内保存。此溶液有效期为半年。
硝酸盐标准使用溶液 [$\rho(N)$=0.01 mg/mL]　量取 10.0 mL 硝酸钾标准储备溶

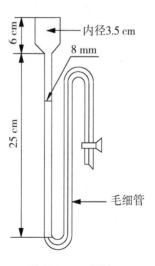

图 12.1　还原柱

液于 100 mL 容量瓶中，加水稀释至标线，混匀。临用前配制。

氯化铵缓冲溶液　称取 10 g 氯化铵（NH_4Cl，优级纯）溶于 1000 mL 水中，用约 1.5 mL $NH_3 \cdot H_2O$ 调节 pH 至 8.5（用精密 pH 试纸检验）。此溶液用量较大，可一次配制 5000 mL。

磺胺溶液　称取 5.0 g 磺胺溶于 350 mL（1+6）HCl，用水稀释至 500 mL，混匀。盛于棕色试剂瓶中，有效期为 2 个月。

盐酸萘乙二胺溶液　称取 0.50 g 盐酸萘乙二胺溶于 500 mL 水中，混匀。盛于棕色试剂瓶中，于冰箱内保存，有效期为 1 个月。

活化溶液　量取 14 mL 硝酸盐标准储备溶液于 1000 mL 容量瓶中，加 NH_4Cl 溶液至刻度，混匀，贮存于试剂瓶中。

镉还原柱的制备：

镉屑镀铜　称取 40 g 镉屑（或镉粒）于 150 mL 分液漏斗中，用 1∶1 HCl 洗涤，除去表面氧化层，弃去酸液，用水洗至中性，加入 100 mL 10 g/L $CuSO_4$ 溶液振摇约 3 min，弃去废液，用水洗至不含有胶体铜时为止。

装柱　将少许玻璃纤维塞入还原柱（图 12.1）底部并注满水，然后将镀铜的镉屑装入还原柱中，在还原柱的上部也塞入少许玻璃纤维，已镀铜的镉屑要保持在水面之下以防接触空气，为此，柱中溶液即液面，在任何操作步骤中不得低于镉屑。

还原柱的活化　用 250 mL 活化溶液，以 7～10 mL/min 的流速通过还原柱使之活化，然后再用 NH_4Cl 缓冲溶液过柱洗涤 3 次，还原柱即可使用。

还原柱的保存　还原柱每次用完后，需用 NH_4Cl 缓冲溶液洗涤 2 次，然后注入 NH_4Cl 溶液保存。如长期不用，可注满 NH_4Cl 溶液后密封保存。

镉柱还原率的测定　配制浓度为 100 μg/L 的硝酸盐氮和亚硝酸盐氮溶液，硝酸盐氮参照绘制校准曲线步骤测量其吸光度，其双份平均吸光度记为 $A(NO_3^-)$。同时测量分析空白吸光度，其双份平均吸光度记为 $A_b(NO_2^-)$。亚硝酸盐氮的测定除了不通过还原柱外，其余各步骤均按硝酸盐氮的测定步骤进行，其双份平均吸光度记为 $A(NO_2^-)$。同时测定空白吸光度，其双份平均值记为 $A_b(NO_2^-)$。按下式计算硝酸盐还原率 R。

$$R = \frac{A(NO_3^-) - A_b(NO_3^-)}{A(NO_2^-) - A_b(NO_2^-)} \times 100\%$$

当 $R < 95\%$ 时，还原柱须按上述步骤重新进行活化或重新装柱。

4. 校准曲线

取 6 个 100 mL 容量瓶，分别加入 0 mL、0.25 mL、0.50 mL、1.00 mL、1.50 mL、2.00 mL 硝酸盐标准溶液，加水至标线，混匀。标准系列溶液的硝酸盐氮浓度分别为 0 mg/L、0.025 mg/L、0.050 mg/L、0.100 mg/L、0.150 mg/L、0.200 mg/L。

分别量取 50.0 mL 上述各浓度溶液，于相应的 125 mL 具塞锥形瓶中，再各加 50.0 mL NH_4Cl 缓冲溶液，混匀。

将混合后的溶液逐个倒入还原柱中约 30 mL，以 68 mL/min 的流速通过还原柱直至溶液接近镉屑上部界面，弃去流出液。然后重复上述操作，接取 25.0 mL 流出液于 50 mL 带刻度的具塞比色管中，用水稀释至 50.0 mL，混匀。

各加入 1.0 mL 磺胺溶液，混匀，放置 20 min。各加入 1.0 mL 盐酸萘乙二胺溶液，混匀，放置 20 min。于波长 543 nm 下（在光电比色计上，使用绿色滤波片）用 5 cm 比色皿，以二次去离子水作参比，测其吸光度 A_i 和 A_0（标准空白）。

以吸光度（A_i-A_0）为纵坐标，浓度（mg/L）为横坐标，绘制校准曲线。

5. 分析步骤

（1）量取 50.0 mL 已过滤的水样于 125 mL 具塞锥形瓶中，加入 50.0 mL NH$_4$Cl 缓冲溶液，混匀。

（2）照上述绘制校准曲线步骤测量水样的吸光度 A_w。

（3）量取 50.0 mL 二次去离子水，于 125 mL 的具塞锥形瓶中，加入 50.0 mL NH$_4$Cl 缓冲溶液，混匀。参照上述步骤测量分析空白吸光度 A_b。

（4）由（A_w-A_b），查校准曲线得硝酸盐氮和亚硝酸盐氮总浓度 $\rho(N_总)$。

（5）按下式计算水样中硝酸盐氮浓度（mg/L）：

$$\rho(NO_3-N) = \rho(N_总) - \rho(NO_2-N)$$

式中：$\rho(NO_3-N)$ 为水样中硝酸盐氮质量浓度，mg/L；$\rho(NO_2-N)$ 为水样中原有亚硝酸盐氮质量浓度，mg/L；$\rho(N_总)$ 为硝酸盐氮和亚硝酸盐氮总质量浓度，mg/L。

6. 注意事项

（1）还原柱可用蝴蝶夹固定在滴定台上，并配备可插比色管的塑料底座。在船上工作时可用自由夹固定比色管。

（2）水样通过还原柱时，液面不能低于镉屑；否则会引进气泡，影响水样流速。如流速达不到要求，可在还原柱的流出处用乳胶管连接一段细玻璃管，即可加快流速。

（3）水样加盐酸萘乙二胺溶液后，须在 2 h 内测量完毕，并避免阳光照射。

（4）校准曲线每隔 1 周须重制一次，但须每天测定一份标准溶液以核对曲线。当测定样品的实验条件与制定校准曲线的条件相差较大时（如更换电源或光电管、温度变化较大时），须及时重制校准曲线。

（5）水样中的悬浮物会影响水样的流速，如吸附在镉屑上能降低硝酸盐的还原率，水样要预先通过 0.45 μm 滤膜过滤。

（6）铁、铜或其他金属浓度过高时会降低还原率，向水样中加入 EDTA 即可消除此干扰。油和脂会覆盖镉屑的表面，用有机溶剂预先萃取水样可排除此干扰。

（7）船用分光光度计的比色皿与参比池两者之间的吸光度（A_c）可能有显著差异，应在 A_w 及 A_i 中扣除。

（8）海绵镉还原柱的处理过程及其他要求，可按产品特性说明书做相应调整。

(9) 锌镉法可与本法等效使用。

思考题

1. 使用镉柱还原的原理是什么？镉柱如何重生？
2. 实验过程中的误差来源有哪些？

12.2 锌-镉还原法

参见 GB 12763.4—91 海洋调查规范 海水化学要素观测。

实验 13 无机磷的测定

13.1 磷钼蓝光度法

1. 实验目的

(1) 熟练掌握分光光度计操作要领。
(2) 学会磷钼蓝光度法测量海水中的无机磷。

2. 方法提要

在酸性介质中，活性磷酸盐与钼酸铵反应生成磷钼黄，用抗坏血酸还原为磷钼蓝后，于波长 882 nm 处测量吸光值。

3. 仪器

分光光度计

4. 试剂

硫酸溶液（6mol/L）　将 300 mL H_2SO_4 缓缓加到 600 mL 水中，边加边搅拌。

钼酸铵溶液（140 g/L）　溶解 28 g 钼酸铵 $[(NH_4)_6Mo_7O_{24}\cdot 4H_2O]$ 于 200 mL 水中。溶液变混浊应重配。

酒石酸锑钾溶液（30 g/L）　溶解 6 g 酒石酸锑钾（$C_4H_4KO_7Sb\cdot 1/2\,H_2O$）于 200 mL 水中，贮存于聚乙烯瓶中。溶液变混浊时，应重配。

混合溶液　将 45 mL 钼酸铵溶液加入 200 mL H_2SO_4 中，边加边搅拌，加 5 mL 酒石酸锑钾溶液，混匀。贮存于棕色玻璃瓶中。溶液变混浊时，应重配。

抗坏血酸溶液（100 g/L）　称取 20 g 抗坏血酸溶于 200 mL 水中，盛于棕色试剂瓶或聚乙烯瓶中。在4℃下避光保存，可稳定1个月。

磷酸盐标准储备溶液 [$\rho(P) = 0.300$ mg/mL]　称取1.318 g磷酸二氢钾（KH_2PO_4，优级纯，在110～115℃烘1～2 h）溶于10 mL H_2SO_4及少量水中，全部转入1000 mL容量瓶，加水至标线，混匀，加1 mL三氯甲烷（$CHCl_3$）。置于阴凉处，可以稳定半年。

磷酸盐标准溶液 [$\rho(P) = 3.00$ μg/mL]　量取1.00 mL磷酸盐标准储备溶液至100 mL容量瓶中，加水至标线，混匀，加三氯甲烷（$CHCl_3$）。此溶液有效期为1周。

5. 校准曲线

量取0 mL、0.25 mL、0.50 mL、1.00 mL磷酸盐标准溶液于25 mL比色管中，加水至25 mL标线，混匀。浓度依次为0 mg/L、0.030 mg/L、0.060 mg/L、0.120 mg/L。

各加1.0 mL混合溶液、1.0 mL抗坏血酸溶液，混匀。显色5 min后，注入5 cm比色皿中，以蒸馏水作参比，于882 nm波长处测量吸光度A_i。其中浓度为0 mg/L时溶液吸光度为A_0。

以吸光度（$A_i - A_0$）为纵坐标，相应的磷酸盐浓度（mg/L）为横坐标，绘制校准曲线。

6. 分析步骤

（1）量取25 mL经0.45 μm微孔滤膜过滤的水样至具塞量筒中，按上述绘制标准曲线步骤测量吸光度A_w。

（2）同时量取25 mL水按相同步骤测定分析空白吸光度A_b。

（3）据（$A_w - A_b$）值在校准曲线上查得水样的磷酸盐浓度（mg/L）。

7. 注意事项

（1）水样采集后应马上过滤，立即测定。若不能立即测定，应置于冰箱中保存，但也应在48 h内测定完毕。

（2）过滤水样的微孔滤膜，需用0.5 mol/L HCl浸泡，临用时用水洗净。

（3）硫化物含量（S）高于2 mg/L时会干扰测定。此时，水样用H_2SO_4酸化，通氮气15 min，将H_2S驱去，可消除干扰。

（4）磷钼蓝颜色在4 h内稳定。

思考题

1. 海水中磷的存在形态有哪些？
2. 为什么海水样品测定无机磷时要用0.45 μm滤膜过滤后测定？
3. 实验中为何不用磷钼黄光度法进行海水无机磷的测定？

13.2 磷钼蓝萃取光度法

1. 方法提要

在酸性介质中,活性磷酸盐与钼酸铵反应生成磷钼黄,用抗坏血酸还原为磷钼蓝,再用醇类有机溶剂萃取,于波长 700 nm 处测量吸光度。

本法适用于测定海水中的活性磷酸盐。检出限为 0.2 μg/L。

2. 仪器

分光光度计

3. 试剂

正己醇

无水乙醇

硫酸 (1+2) 将 300 mL H_2SO_4 缓缓加到 600 mL 水中,边加边搅拌。

钼酸铵溶液 (140 g/L) 溶解 28 g 钼酸铵 [$(NH_4)_6Mo_7O_{24} \cdot 4H_2O$] 于 200 mL 水中。溶液变浑浊时,应重配。

酒石酸锑钾溶液 (30 g/L) 溶解 6 g 酒石酸锑钾 ($C_4H_4KO_7Sb \cdot 1/2\ H_2O$) 于 200 mL 水中,贮存于聚乙烯瓶。溶液变浑浊时,应重配。

混合溶液 搅拌下将 45 mL 钼酸铵溶液加到 200 mL H_2SO_4 中,加入 5 mL 酒石酸锑钾溶液,贮存于棕色玻璃瓶中。溶液变浑浊时,应重配。

抗坏血酸溶液 (100 g/L) 溶解 20 g 抗坏血酸于 200 mL 水中,贮存于棕色试剂瓶或聚乙烯瓶。在 4℃ 下避光保存,可稳定 1 个月。

磷酸盐标准储备溶液 [$\rho(P)$ = 0.300 mg/mL] 称取 1.318 g 磷酸二氢钾 (KH_2PO_4,优级纯,在 110～115℃ 烘 1～2 h) 溶于 10 mL H_2SO_4 中,全部转入 1000 mL 容量瓶,加水至标线,混匀,加 1 mL 三氯甲烷。

磷酸盐标准溶液 [$\rho(P)$ = 3.00 μg/mL] 移取 1.00 mL 磷酸盐标准储备溶液于 100 mL 容量瓶中,加水至标线,混匀,加两滴三氯甲烷。有效期为 1 周。

4. 校准曲线

取 5 个 500 mL 分液漏斗,加入 250 mL 水,分别移入 0 mL、0.25 mL、0.50 mL、1.00 mL、2.00 mL 磷酸盐标准溶液。系列磷浓度分别为 0 μg/L、3.00 μg/L、6.00 μg/L、12.0 μg/L、24.0 μg/L。

加 5 mL 混合溶液、5 mL 抗坏血酸溶液混匀,放置 10 min。加入 25.0 mL 正己醇,振荡 2 min,静置 10 min,弃去水相,把有机相放入 25 mL 具塞量筒中,加 1.0 mL 无水乙醇,混匀,放置 5 min。将萃取液注入 5 cm 比色皿中,以正己醇作参比，于波长 700 nm 处测量吸光度 A_i。其中 A_0 为浓度等于 0 mg/L 时的标准空白吸光度。

以吸光度 ($A_i - A_0$) 为纵坐标，相应的磷酸盐浓度（μg/L）为横坐标，绘制校准曲线。

5. 分析步骤

（1）量取 250 mL 经 0.45 μm 滤膜过滤的水样于 500 mL 分液漏斗中，按上述绘制校准曲线步骤测定水样吸光度 A_w。

（2）同时量取 250 mL 水于 500 mL 锥形分液漏斗中，测定分析空白吸光度 A_b。

（3）据 ($A_w - A_b$) 值在校准曲线上查得水样中活性磷酸盐质量浓度（μg/L，P）。

6. 注意事项

（1）硫化物含量大于 1 mg/L(S) 时，对本方法有明显的影响。此时，水样酸化后，通氮气 10 min，可明显除去硫化物的干扰。

（2）砷酸钾含量大于 0.5 mg/L(As) 时，对本方法有明显的影响。通常海水中砷含量（As）约 0.003 mg/L，其影响可忽略不计。

（3）硅酸盐含量大于 1.4 mg/L(Si) 时，对本方法有影响。河口水和大洋深层水中硅酸盐含量常大于 1.4 mg/L(Si)，应进行校正。首先由下式，求出硅酸盐增加的吸光度 A_{Si}：

$$A_{Si} = F_{Si} \times \rho_{Si}$$

式中：F_{Si} 为用本方法测定硅酸盐校准曲线的斜率；ρ_{Si} 为水样中硅酸盐质量浓度（Si），mg/L。

据 ($A_w - A_b - A_{Si}$) 值在测定活性磷酸盐的校准曲线上查得其浓度。

思考题

1. 实验过程中会有哪些海水组分对测定带来干扰？怎样消除？
2. 在分光光度法测定中，比色皿杯差怎样消除？

实验 14 氰化物的测定

14.1 异烟酸-吡唑啉酮光度法

1. 方法提要

蒸馏出的氰化物在中性（pH 为 7~8）条件下，与氯胺 T 反应生成氯化氰，后者和异烟酸反应并经水解生成戊烯二醛，吡唑啉酮缩合，生成稳定的蓝色化合物，于波长 639 nm 处测量吸光度。

本方法适用于大洋、近岸、河口及工业排污口水体中氰化物的测定。检出限（CN⁻）为 0.05 μg/L。

干扰测定的因素主要有氧化物、硫化物、高浓度的碳酸盐和糖类等，脂肪酸不影响测定。

2. 仪器和装置

分光光度计

高温炉

全玻璃磨口蒸馏器（1000 mL）

电炉

25 mL 棕色酸式滴定管（附 1000 mL 棕色瓶）

3. 试剂和材料

沸石

丙酮

N - 二甲基甲酰胺

氢氧化钠溶液（2 g/L）　称取 5 g NaOH 加水溶解并稀释至 2500 mL，转入棕色小口试剂瓶，橡皮塞盖紧。

氢氧化钠溶液（0.01 g/L）　吸取 5 mL 2 g/L NaOH 溶液稀释至 1000 mL，盛于小口试剂瓶中。

磷酸盐缓冲溶液（pH = 7）　称取 34.0 g 磷酸二氢钾（KH_2PO_4）和 89.4 g 磷酸氢二钠（$Na_2HPO_4 \cdot 12H_2O$）溶于水中并稀释至 1000 mL，贮存于小口试剂瓶中。

乙酸锌溶液（100 g/L）　称取 50 g 乙酸锌[$Zn(Ac)_2$]加水溶解并稀释至 500 mL，转入小口试剂瓶中。

酒石酸溶液（200 g/L）　称取 100 g 酒石酸加水溶解并稀释至 500 mL，转入小口试剂瓶中。

氯化钠标准溶液（0.0192 mol/L）　称取氯化钠（NaCl，优级纯）置于瓷坩埚中，于高温炉 450℃ 灼烧至无爆裂声，干燥器中冷却至室温。准确称取 1.122 g，加水溶于 1000 mL 容量瓶中，稀释至刻度。密闭保存。

硝酸银标准溶液　称取 3.76 g 硝酸银（$AgNO_3$）溶于水并稀释至 1000 mL，贮存于棕色试剂瓶中，此溶液每周标定一次。

硝酸银标准溶液的标定：移取 25.00 mL 0.0192 mol/L NaCl 标准溶液于 250 mL 锥形瓶中，加入 50 mL 水，滴入 2~3 滴 50 g/L K_2CrO_4 指示液，用 $AgNO_3$ 标准溶液滴定至出现红色沉淀即为终点。平行测定 2 次，取平均值。以 75 mL 水代替 0.0192 mol/L NaCl 标准溶液，按上述步骤平行测定 2 次，取平均为空白值。计算 $AgNO_3$ 标准溶液浓度（mol/L）。

对二甲氨基亚苄基罗丹宁（试银灵）- 丙酮溶液 称取 20 mg 试银灵溶于 100 mL 丙酮中，搅匀，转入 125 mL 棕色滴瓶中。

铬酸钾指示液（50 g/L） 称取 5 g 铬酸钾（K_2CrO_4）溶于适量水中，滴加 $AgNO_3$ 溶液至红色沉淀不溶解，静置过夜，过滤后稀释至 100 mL，盛于棕色瓶中。

氯胺 T 溶液（10 g/L） 称取 1 g 氯胺 T 加水溶解并稀释至 100 mL，盛于 125 mL 棕色试剂瓶中，低温避光保存，有效期为 1 周。

异烟酸 - 吡唑啉酮溶液 称取 1.0 g 吡唑啉酮溶于 40 mL N - 二甲基甲酰胺中，两液合并于 100 mL 容量瓶中，用水稀释至刻度。

甲基橙指示液（2 g/L） 称取 0.2 甲基橙溶于 100 mL 水中，转入 125 mL 棕色滴瓶中。

氰化钾标准储备溶液 称取 2.5 g 氰化钾（KCN），先用少量 2 g/L NaOH 溶液溶解，全部移入 1000 mL 容量瓶中，再用 2 g/L NaOH 溶液稀释至刻度，混匀后转入 1000 mL 小口试剂瓶中，用橡皮塞盖紧，备用。（KCN 剧毒，须小心操作，严禁遇酸。）

氰化钾标准储备溶液的标定：量取 25.00 mL KCN 标准储备溶液于 250 mL 锥形烧瓶中，加 50 mL 2 g/L NaOH 溶液，滴入 2～3 滴试银灵指示液，用 $AgNO_3$ 标准溶液滴定至白色变红色为终点，平行滴定 2 次，取平均值 V_1'。

取 75 mL 2 g/L NaOH 溶液代替 KCN 溶液，按上述步骤平行测定 2 次，取平均值得 V_2'。按下式计算氰化物标准储备溶液浓度（mg/mL）：

$$\rho_{CN} = \frac{c_{AgNO_3} \times (V_1' - V_2') \times 52.04}{25.00}$$

式中：ρ_{CN} 为氰化物标准储备溶液质量浓度，mg/mL；c_{AgNO_3} 为标定过的硝酸银溶液的浓度，mol/L；V_1' 为滴定氰化钾标准储备溶液消耗硝酸银标准溶液的体积，mL；V_2' 为滴定 2 g/L 氢氧化钠溶液消耗硝酸银标准溶液的体积，mL。

氰化钾标准中间溶液 $[\rho(CN^-) = 10.0\ \mu g/mL]$ 移取 V_3（由下式计算）KCN 标准储备溶液于 200 mL 容量瓶中，用 2 g/L NaOH 溶液稀释至刻度，混匀备用。

$$V_3 = \frac{10.0 \times 200}{\rho_{CN^-} \times 1000}$$

式中：ρ_{CN^-} 为氰化钾标准储备溶液的质量浓度，mg/mL。

氰化钾标准溶液 $\rho(CN^-) = 1.00\ \mu g/mL$ 移取 10.00 mL 氰化钾标准中间溶液（10.0 $\mu g/mL$）于 100 mL 容量瓶中，用 0.01 g/L NaOH 溶液稀释至刻度，摇匀（当天配制）。

4. 校准曲线

分别移取 0 mL、0.40 mL、0.80 mL、1.60 mL、3.20 mL、6.40 mL KCN 标准溶液（1.00 $\mu g/mL$）于一系列 50 mL 具塞比色管中，加水至 25 mL，混匀。

加入 5 mL pH=7 的磷酸盐缓冲溶液，混匀。加入 0.5 mL 10 g/L 氯胺 T 溶液，混匀。加 5 mL 异烟酸－吡唑啉酮溶液，混匀。加水稀释至刻度，混匀。在 (40±1)℃ 的水浴中加热 15 min，取出，冷却至室温。比色皿 3 cm，以水调零，于波长 639 nm 处测量吸光度 A_i，须 1 h 内测完。

以吸光度 $(A_i - A_0)$ 为纵坐标，相应的 CN^- 质量 (μg) 为横坐标，绘制校准曲线。

5. 分析步骤

（1）取 500 mL 经固定后的水样于 1000 mL 蒸馏瓶中，依次加入 7 滴 2 g/L 甲基橙指示液、20 mL 100 g/L 乙酸锌溶液、10 mL 200 g/L 酒石酸溶液，如水样不显红色则继续加酒石酸溶液直至水样保持红色，再加过量 5 mL。

（2）放入少许沸石（或几条一端熔封的玻璃毛细管），立即盖上瓶塞，接好蒸馏装置如图 14.1 所示。

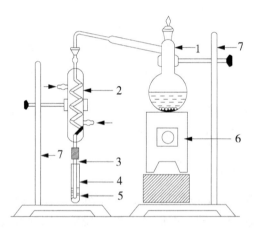

1—1L 全玻璃扣蒸馏瓶；2—蛇形冷凝管；3—玻璃管；4—50 mL 具塞比色管；
5—氢氧化钠吸收液；6—万用电炉；7—铁架台

图 14.1

（3）移取 10 mL 0.01 g/L NaOH 溶液置于 50 mL 比色管中（吸收液），并将冷凝管出口浸没于吸收液中。开通冷却水，接通电源进行蒸馏。当馏出液接近 100 mL 时，停止蒸馏，取下比色管，将两次馏出液旋转入 100 mL 容量瓶中，定容。加水至标线，混匀，此为馏出液 B。

（4）量取 25 mL 馏出液 (B) 置于 50 mL 具塞比色管中，按标准曲线步骤加入 5 mL pH=7 的磷酸盐缓冲溶液等，至测量吸光度 A_w。

（5）量取 500 mL 纯水，按上述步骤操作，测定分析空白吸光度 A_b。

（6）由 $(A_w - A_b)$ 值从校准曲线中查得相应的 CN^- 质量 (μg)。按下式计算样品中氰化物的质量浓度：

$$\rho_{CN} = \frac{m_{CN} \times V_1}{V_2 \times V} \times 1000$$

式中：ρ_{CN} 为水样中氰化物的质量浓度，μg/L；m_{CN} 为查标准曲线或由回归方程计算得到的氰化物量，μg；V_1 为馏出液定容后的体积，mL；V_2 为用于测定的馏出液的体积，mL；V 为量取水样的体积，mL。

6. 注意事项

（1）在水样中加 NaOH 固体，直至 pH 为 12～12.5 时贮存于棕色玻璃瓶中。因氰化物不稳定，水样加碱固定后，亦应尽快测量。

（2）水样进行蒸馏时应防止倒吸，发现倒吸较严重时，可轻轻敲一下蒸馏器。

（3）须经常检查氯胺 T 是否失效，检查方法如下：

取配成的氯胺 T 若干毫升，加入邻甲联苯胺，若呈血红色，则游离氯（Cl_2）含量充足；如呈淡黄色，则游离氯（Cl_2）不足，应重新配制。

（4）接触氰化物时务必小心，要防止喷溅在任何物体上，严禁氰化物与酸接触，不可用嘴直接吸取氰化物溶液；若操作者手上有破伤或溃烂，必须带上胶手套保护。

（5）含有 KCN 的废液应收集在装有适量 $Na_2S_2O_3$ 和 $FeSO_4$ 的废液瓶中，稀释处理。

（6）50 mL 比色管和 1000 mL 蒸馏器使用完毕后应浸泡在稀 HNO_3 中。

（7）干扰因素消除。

1）氧化剂。在水样的保存和处理期间，氧化剂能破坏大部分氰化物。处理方法：点一滴水样于稀 HCl 浸过的淀粉－碘化钾试纸上，如出现蓝色斑点，可在水样中加计量的 $Na_2S_2O_3$ 晶体，搅拌均匀，重复试验，直至无蓝色斑点出现，然后每升加 0.1 g 过量的 $Na_2S_2O_3$ 晶体。

2）硫化物。硫化物能迅速地把 CN^- 转化成 SCN^-，特别是在高 pH 的情况下，并且随氰化物一起蒸出，对比色、滴定和电极法产生干扰。处理方法：点一滴水样于预先用醋酸盐缓冲液（pH=4）浸过的醋酸铅试纸上，如试纸变黑，表示有硫离子，可加醋酸铅或柠檬酸铋除去。重复这一操作，直至醋酸铅试纸不再变黑。

3）碳酸盐。高浓度的碳酸盐，在加酸时，可释放出较多的 CO_2 气体，影响蒸馏。CO_2 消耗吸收剂中的 NaOH。当采集的水样含有较高含量的碳酸盐时（例如炼焦废水等），可使用热石灰［$Ca(OH)_2$］使 pH 提高至 12.0～12.5。生成沉淀后，量取上清液测定。

思考题

1. 溶液 pH 对本实验有什么影响？
2. 预处理的目的是什么？

14.2 吡啶-巴比土酸光度法

1. 方法提要

蒸馏出的氰化物在弱酸性（pH 为 4.5）条件下，与氯胺 T 反应生成氯化氰，后者使吡啶开环，生成戊烯二醛，再与巴比土酸反应，产生红-蓝色染料，在波长 579 nm 处，测量吸光度。

本方法适用于大洋、近岸、河口和沿岸排污口水体中氰化物的测定。检出限（CN^-）为 0.3 μg/L。

干扰测定的因素主要有氧化剂、硫化物、高浓度的碳酸盐和糖类等，脂肪酸不干扰本法的测定。

2. 仪器和装置

分光光度计

高温炉

全玻璃蒸馏器 1000 mL

电炉

棕色酸式滴定管（附有棕色试剂瓶）25 mL

3. 试剂

沸石

无水乙醇

丙酮

以下试剂除非另作说明，配制及标定方法均与 14.1 异烟酸-吡唑啉酮光度法相同。

氯化钠标准溶液（0.0192 mol/L）

硝酸银标准溶液

氢氧化钠溶液（2 g/L）

氢氧化钠溶液（0.1 g/L）

对二甲氨基亚苄基罗丹宁（即试银灵）-丙酮溶液

氯胺 T 溶液（10 g/L）

吡啶-巴比土酸溶液　称取 6 g 巴比土酸于 100 mL 容量瓶中，加入 30 mL 吡啶、6 mL HCl，剧烈振荡至固体消失，如不溶解，可置于 45℃ 水浴中加热，直至溶解。加水至标线。冰箱中保存，有效期一周，若溶液出现浑浊，须重新配制。

磷酸二氢钾缓冲溶液（1.0 mol/L）　称取 136 g 磷酸二氢钾（KH_2PO_4）溶于水中并定容至 1000 mL(pH 为 4.4～4.7)，盛于棕色试剂瓶中。

乙酸锌溶液（100 g/L）

酒石酸溶液（200 g/L）

氰化钾标准储备溶液

氰化钾标准中间溶液 $\rho(CN^-)$ = 10.0 μg/mL

氰化钾标准溶液 $\rho(CN^-)$ = 1.00 μg/mL

铬酸钾指示液（50 g/L）

甲基橙指示液（2 g/L）

4. 校准曲线

分别移取 0 mL、0.20 mL、0.40 mL、0.80 mL、1.60 mL、3.20 mL 氰化钾标准溶液（1.00 μg/mL）于一系列 50 mL 具塞比色管中，加入至 25 mL，混匀。

加入 5 mL KH_2PO_4 缓冲液，混匀。加入 0.7 mL 10 g/L 氯胺T溶液，混匀。加入 5 mL 吡啶-巴比土酸溶液，混匀。加入 1 mL 无水乙醇，加水稀释至刻度，混匀。静置 8 min，用 2 cm 比色皿，以水为参比调零点，于波长 579 nm 处测吸光度 A_i。测定须在 1 h 内完成。

以吸光度 $(A_i - A_0)$ 为纵坐标，相应的 CN^- 质量（μg）为横坐标，绘制校准曲线。

5. 分析步骤

（1）量取 500 mL 经固定混匀的水样于 1000 mL 蒸馏器中，依次加入 7 滴 2 g/L 甲基橙指示液、20 mL 100 g/L 乙酸锌溶液、10 mL 200 g/L 酒石酸溶液。若水样不呈红色，则要再添加 10 mL 200 g/L 酒石酸溶液。直至水样保持红色，再加过量 5 mL。

（2）放入两至三颗沸石（或几条一端熔封的玻璃毛细管）立即盖上瓶塞，接好蒸馏装置。

（3）移取 10 mL 0.01 g/L NaOH 溶液置于 100 mL 容量瓶中，用作吸收液，并将冷凝管出口浸没于吸收液中。

（4）开通冷却水，接通电源进行蒸馏，当蒸馏液的体积接近 100 mL 时，停止蒸馏，取下容量瓶并加水至标线，混匀。此液为馏出液 D。

（5）移取 25 mL 馏出液（D）于比色管中，按校准曲线步骤加入 5 mL KH_2PO_4 缓冲溶液，至测量吸光度 A_w。

（6）量取 500 mL 纯水，按上述步骤操作，测量分析空白吸光度 A_b。

（7）由 $(A_w - A_b)$ 值，查校准曲线得氰量。水样中的氰化物含量计算公式见前相关公式。

注意事项及干扰因素的消除见异烟酸-吡唑啉酮光度法。

思考题

1. 实验过程中，存在哪些干扰因素？应如何避免？
2. 实验过程中为什么选择水为参比溶液？本实验对参比溶液有什么要求？

实验 15 硫化物的测定

15.1 亚甲基蓝光度法

1. 方法提要

水样中的硫化物同盐酸反应,生成的硫化氢随氮气进入乙酸锌-乙酸钠混合溶液中被吸收。吸收液中的硫离子在酸性条件和三价铁离子存在下,同对氨基二甲基苯胺二盐酸盐反应生成亚甲基蓝,在 650 nm 处波长测量吸光度。

本方法是用于大洋、近岸、河口水体中含硫化物浓度为 10 μg/L 以下的水样。检出限（S^{2-}）为 0.2 μg/L。

2. 仪器和装置

分光光度计

硫化氢曝气装置　见图 15.1。

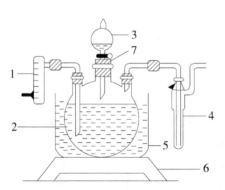

1—转子流量器,0.5~3 L/min；2—曝气瓶,2000 mL；
3—分液漏斗,50 mL；4—包氏吸收管,大型；5—水浴锅；
6—电炉,1000 W；7—软木塞

图 15.1 硫化氢曝气装置

恒温水浴锅（大孔）

包氏吸收管（大型）

分液漏斗（50、100 mL）

溶解氧滴定管（20 mL）

定碘烧瓶（250 mL）

砂芯漏斗（ϕ60 mm,G_4）

硫化氢发生装置　见图15.1，改用2000 mL曝气瓶，包氏吸收管改用500 mL筒形气体洗瓶。

3. 试剂

抗坏血酸

碘化钾

碳酸钠

硫酸

盐酸

冰乙酸

乙酸锌－乙酸钠混合溶液　称取50 g乙酸锌[$Zn(Ac)_2 \cdot 2H_2O$]和12.5 g乙酸钠（$NaAc \cdot 3H_2O$）溶于少量水中，稀释至1000 mL，混匀。如浑浊，应过滤。

硫酸铁铵溶液　称取25 g硫酸铁铵[$Fe(NH_4)(SO_4)_2 \cdot 12H_2O$]于250 mL烧杯中，加入100 mL水、5 mL H_2SO_4溶解（可稍加热），加水稀释至200 mL，混匀。如浑浊，应过滤。

对氨基二甲基苯胺二盐酸盐溶液　称取1 g对氨基二甲基苯胺二盐酸盐[$NH_2C_6H_4N(CH_3)_2 \cdot 2HCl$，化学纯]溶于700 mL水中，在不断搅拌下，缓缓加入200 mL H_2SO_4，冷却后，稀释至1000 mL，混匀，盛于棕色试剂瓶中，置于冰箱中保存。

碘溶液（0.01 mol/L）　称取10 g碘化钾（KI）溶于50 mL水中，加入1.27 g碘片（I_2），溶解后，全部移入1000 mL容量瓶中，稀释至标线，混匀。

高锰酸钾溶液（0.01 mol/L）

淀粉溶液（5 g/L）　称取1 g可溶性淀粉（化学纯），用少量水调成糊状，加入100 mL沸水，调匀，继续煮至透明。冷却后，加入1 mL冰乙酸，稀释至200 mL，盛于试剂瓶中。

硫代硫酸钠标准溶液（0.01 mol/L）　称取25 g硫代硫酸钠（$Na_2S_2O_3 \cdot 5H_2O$），用刚煮沸冷却的水溶解，加入约2 g Na_2CO_3，移入棕色试剂瓶中，稀释至10 L，混匀，置于阴凉处，8～10 d后标定其浓度。

硫代硫酸钠标准溶液的标定　移取15.00 mL KIO_3溶液[$c(1/2I_2) = 0.0100$ mol/L]，沿瓶壁注入碘量瓶中，用少量水冲洗瓶壁，加入0.5 g KI，用刻度吸管沿瓶壁注入1 mL（1+3）H_2SO_4，塞好瓶塞，轻摇混匀，加少量水封口，在暗处放置2 min，轻摇旋开瓶塞，沿瓶壁加水50 mL稀释后，在不断振摇下，用待标定的$Na_2S_2O_3$溶液，滴定至溶液呈浅黄色，加入1 mL淀粉溶液，继续滴定至蓝色刚刚消失。记录滴定管读数。重复标定，至两次滴定之差不超过0.05 mL为止。由滴定耗硫代硫酸钠溶液的体积和移取碘酸钾标准溶液体积及其浓度，计算硫代硫酸钠溶液的浓度（mol/L）。

碘酸钾标准溶液[$c(1/6\ KIO_3) = 0.0100$ mol/L]　称取预先在120℃烘2 h，并

置于干燥器中冷却的碘酸钾（KIO₃）3.567 g 溶于水中，全部移入 1000 mL 容量瓶中，稀释至标线，混匀，置于阴凉处，此有效期为 1 个月。使用前稀释至 10 倍。

硫化钠（Na₂S·9H₂O）溶液（10 g/L）

硫化物标准储备溶液 使用硫化氢曝气装置（图 15.1），向 200 mL Na₂S 溶液中缓缓滴加 5.0 mL（1+2）HCl。产生的 H₂S 随氮气逸出，被 500 mL 乙酸锌溶液[Zn(Ac)₂·2H₂O，1 g/L]吸收。将吸收液用定量滤纸滤入棕色试剂瓶。

硫化物标准储备溶液浓度的标定 移取硫化物标准储备溶液 20.00 mL 于 250 mL 碘量瓶中，依次加入 40 mL 水、20.00 mL 碘溶液（0.0100 mol/L）、10 mL（1+9）HCl，混匀。用已知浓度的 N₂S₂O₃ 标准溶液滴定至溶液呈浅黄色，加入 1 mL 淀粉溶液，继续滴定至蓝色刚刚消失。记录滴定管读数（V_1）。重复标定，至两次滴定差不超过 0.05 mL 为止。

同时移取 20.00 mL 水两份，进行空白滴定，两次读数差不得超过 0.05 mL。记录读数（V_2）。

按下式计算硫化物标准储备溶液中硫（S²⁻）的质量浓度：

$$\rho_{S^{2-}} = \frac{(V_2 - V_1) \times c_S \times 16.04 \times 1000}{20.00}$$

式中：$\rho_{S^{2-}}$ 为硫的质量浓度，μg/mL；V_1 为标定硫化物标准储备溶液所耗硫代硫酸钠标准溶液的体积，mL；V_2 为空白滴定所耗硫代硫酸钠标准溶液的体积，mL；c_S 为硫代硫酸钠标准溶液的浓度，mol/L；20.00 为硫化物标准储备溶液的体积，mL。

硫化物标准溶液（20 μg/mL，以 S²⁻ 计） 取一定量的硫化物标准储备溶液，将其质量浓度调整为 20 μg/mL。按下式计算：

$$V_4 = \frac{\rho_3 \times V_3}{\rho_4}$$

式中：V_4 为所取硫化物标准储备溶液体积，mL；V_3 为欲配制的标准使用溶液的体积，mL；ρ_3 为标准溶液质量浓度，μg/mL；ρ_4 为标准储备溶液质量浓度，μg/mL。

钢瓶氮气（氮气纯度 99.9%）

4. 标准曲线

取 6 支 25 mL 具塞比色管，各加入 10 mL 乙酸锌-乙酸钠混合溶液，分别加入 0 mL、0.20 mL、0.40 mL、0.60 mL、0.80 mL、1.00 mL 硫化物标准溶液（20 μg/mL）。各加入 5 mL 对氨基二甲基苯胺二盐酸盐溶液、1 mL 硫酸铁铵溶液，混匀。加水定容至 25 mL，混匀。标准系列各点硫离子浓度分别为 0 μg/mL、0.16 μg/mL、0.32 μg/mL、0.48 μg/mL、0.64 μg/mL、0.80 μg/mL。反应 10 min 后，将溶液置入 1 cm 比色皿中，以为水参比调零，于 650 nm 波长测量吸光度 A_i。未加硫化物标准使用溶液者吸光度为 A_0。

以（$A_i - A_0$）为纵坐标，相应的硫（S²⁻）浓度（μg/mL）为横坐标，绘制标准曲线。

5. 分析步骤

（1）取 2000 mL 水样（每一水样取两份）于曝气瓶中，加入 2 g 抗坏血酸，安装好曝气装置，量取乙酸锌-乙酸钠混合溶液 10 mL 于包氏吸收管中，安放在固定架上，于曝气瓶的出口相接。

（2）加入 30 mL（1+2）HCl 于曝气瓶上端的滴液漏斗中，通氮气 10 min（气流速度 1000 mL/min），将曝气瓶置于 50~60℃ 水浴中。当曝气瓶内水样温度达到 50~60℃ 后，一次加完滴液漏斗中的 HCl，及时关闭滴液漏斗的旋塞，以免空气进入曝气瓶中。继续通氮气 30 min，取下吸收管。加 5 mL 对氨基二甲基苯胺二盐酸盐溶液、1 mL $Fe(NH_4)(SO_4)_2$ 溶液于吸收管中，充分混匀，全部移入 25 mL 具塞比色管中，稀释至标线。静置 10 min 后，将显色液移入 1 cm 比色皿中，用水参比调零，于 650 nm 波长测量吸光度 A_w。

（3）以 2000 mL 纯水代替水样，测定全程进行空白分析，得吸光度 A_b。

（4）按下式计算水样中硫化物的质量浓度：

$$\rho_S = \rho_1 \times \frac{V_1}{V}$$

式中：ρ_S 为水样中硫化物的质量浓度（S^{2-}），μg/L；ρ_1 为标准曲线上与（$A_w - A_b$）值对应的硫质量浓度，μg/mL；V 为水样体积，L；V_1 为吸收液定容体积，mL。

6. 注意事项

（1）水样不能立即分析时，1000 mL 水样应加入 2 mL 乙酸锌溶液（1 mol/L）予以固定。

（2）对氨基二甲基苯胺二盐酸盐溶液易变质，宜在临用时配制。

（3）测定水样与绘制校准曲线，条件必须一致，重新配制试剂或室温变化超过 ±5℃ 时，要重新绘制校准曲线。

（4）水样中 CN^- 浓度达到 500 mg/L 时，对测定有干扰。

（5）氮气中如有微量氧，可安装洗气瓶（内装亚硫酸钠饱和溶液）予以除去。

思考题

1. 实验过程中有存在哪些离子会干扰实验结果？应如何处理以减少实验误差？
2. 样品预处理过程中有什么注意事项？

15.2 离子选择电极法

1. 方法提要

硫离子选择电极以硫化银为敏感膜，它对银离子和硫离子均有响应，其电极电势与被测溶液中银离子活度呈正相关。

银离子活度和硫离子活度由硫化银溶度积决定，即电极对 S^{2-} 的响应是通过 Ag_2S 的溶质积 K_{SP} 间接实现的，因而测定的电极电势值与硫离子活度的负对数呈线性关系。当标准系列溶液与被测液离子强度相近，两者电极电势相等时其 S^{2-} 浓度也相等。

加入抗坏血酸作抗氧化剂，防止 S^{2-} 被溶解氧所氧化。海水中硫含量大于 160 μg/L 时可直接取样测定；小于 160 μg/L 时，可加入乙酸锌溶液使硫离子形成硫化锌随氢氧化锌共沉淀，再将沉淀溶于碱性 EDTA – 抗坏血酸抗氧配位溶液后进行测定。

本方法适用于大洋近岸海水中硫化物的测定，检出限（S^{2-}）为 3.3 μg/L。

2. 仪器和装置

离子计或精密 pH 计

硫离子选择电极

双液界饱和甘汞电极（外充液为硝酸钾溶液）

电动离心机

滴定管（50 mL，棕色）

铁芯磁转子（被覆聚乙烯膜）

3. 试剂

盐酸

抗氧配位储备溶液　分别称取 40 g NaOH、40 g Na_2EDTA 至 200 mL 聚乙烯烧杯中，加 600 mL 水（已煮沸并放冷或已通氮气除氧），溶解及冷却后稀释至 200 mL，转入聚乙烯试剂瓶中，于阴凉处保存。

抗氧配位使用液　①取 100 mL 抗氧配位储备溶液，加 5 g 抗坏血酸，加水稀释至 500 mL，制得 a 液，盛于聚乙烯试剂瓶中（用时现配）。②取 100 mL 抗氧配位储备溶液，加 5 g 抗坏血酸，溶解，制得 b 液，盛于聚乙烯试剂瓶中（用时现配）。

氢氧化钠溶液（400 g/L）。

乙酸锌溶液（1.0 mol/L）　称取 22 g 乙酸锌溶于水中，并稀释至 100 mL。

饱和氯化钾溶液　称取 80 g KCl 溶于 100 mL 水中，须保持有 KCl 结晶。

硝酸钾溶液（0.1 mol/L）　称取 1.02 g KNO_3 溶于水中，并稀释至 100 mL。

硫代硫酸钠标准溶液（0.1 mol/L）　称取 25 g 硫代硫酸钠（$Na_2S_2O_3 \cdot 5H_2O$），用新煮沸并冷却的水溶解，稀释至 1000 mL，加入 1 g 无水 Na_2CO_3 或数粒 HgI_2 以防止分解，混匀。保存于棕色瓶中。

硫代硫酸钠标准溶液的标定　于 250 mL 碘容量瓶中加入 1 g KI 及 50 mL 水，加 15.00 mL 重铬酸钾标准溶液 [$c(1/6K_2Cr_2O_7) = 0.1000$ mol/L] 及 5 mL(1+1)HCl，于暗处静置 5 min 后用滴定管滴加 $Na_2S_2O_3$ 标准溶液至呈黄绿色，加入 1 mL 淀粉溶液（10 g/L），继续滴定至蓝色刚刚褪去（同时呈现亮绿色）为终点。由滴定消耗硫代硫酸钠溶液的体积和移取重铬酸钾标准溶液的体积及其浓度，计算硫代硫酸钠溶液的浓度（mol/L）。

重铬酸钾标准溶液 $[c(1/6K_2Cr_2O_7)=0.1000\ mol/L]$　称取 4.904 g 重铬酸钾（$K_2Cr_2O_7$），加水溶解，全部转入 1000 mL 容量瓶，加水至标线，混匀。

淀粉溶液（10 g/L）　称取 1 g 可溶性淀粉，置于 200 mL 烧杯中，加少许水调成糊状后，再加入 100 mL 沸水并煮至无色透明。若浑浊则冷却后过滤。加入少许苯甲酸可防腐。

碘标准溶液 $[c(1/2I_2)=0.1000\ mol/L]$　称取 15 g 碘化钾（KI）溶于 50 mL 水中，加入 6.345 g 碘（I_2），溶解后全部转入 500 mL 容量瓶中，加水至标线，混匀。贮存于棕色瓶放阴凉处保存。

硫化物标准溶液 $[c(1/2Na_2S)=0.200\ mol/L]$　称取 5 g 硫化钠（$Na_2S\cdot 9H_2O$）溶于新煮沸经冷却的 100 mL 水中，加入 1 g NaOH，定容至 200 mL。

硫化物标准溶液标定　移取 2.00 mL 硫化钠标准溶液于碘量瓶中，依次加入 50 mL 水、20.00 mL 碘标准溶液 $[c(1/2I_2)=0.1000\ mol/L]$、2 mL (1+1) HCl，用已标定的 $Na_2S_2O_3$ 标准溶液滴定呈淡黄色，加入 1 mL 淀粉溶液（10 g/L），继续滴定至蓝色刚消失为终点。重复标定，两次读数差应小于 0.03 mL。

按下式计算硫化钠标准溶液的浓度：

$$c(\frac{1}{2}Na_2S)=\frac{c_1V_1-c_2V_2}{V_a}$$

式中：$c(1/2Na_2S)$ 为硫化钠标准溶液浓度，mol/L；c_1 为碘标准溶液浓度，mol/L；V_1 为碘标准溶液体积，mL；c_2 为硫代硫酸钠标准溶液浓度，mol/L；V_2 为硫代硫酸钠标准溶液体积，mL；V_a 为硫化钠标准溶液体积，mL。

硫化物标准使用溶液 $[c(1/2Na_2S)=0.200\ mol/L]$　准确移取一定量（V，mL）的硫化物标准储备溶液，置于 50 mL 容量瓶中，加水至标线，混匀。

$$V=\frac{50.0\times 0.200}{C_a}$$

式中：c_a 为硫化物标准储备溶液标定浓度，mol/L。

4. 校准曲线

移取 5.00 mL 硫化物标准使用溶液 $[c(1/2Na_2S)=0.200\ mol/L]$ 置于 50 mL 容量瓶中，加抗氧配位使用液至标线，混匀。

用抗氧配位使用液（a）逐级稀释配制标准系列各浓度：0 mol/L、2.00×10^{-7} mol/L、2.00×10^{-6} mol/L、2.00×10^{-5} mol/L、2.00×10^{-4} mol/L、2.00×10^{-3} mol/L、2.00×10^{-2} mol/L。分别倒入 50 mL 烧杯中，加入铁芯磁子，以硫离子选择电极为指示电极，甘汞电极为参比电极，在电磁搅拌下从低浓度至高浓度测定标准系列的电势值 E_i。其中零浓度的电势值为 E_0。以 (E_i-E_0) 为纵坐标，相应浓度为横坐标，在半对数坐标纸上绘制校准曲线。

5. 分析步骤

（1）准确量取 20～40 mL 水样（根据硫含量而定）至 50 mL 容量瓶，加入 10 mL 抗氧配位使用液（b），加水至标线，混匀。按上述步骤测定其电势值（E_x）。

（2）若水样中硫含量小于 160 μg/L。可改为：量取 200 mL 水样至 500 mL 聚乙烯烧杯中，加 1 mL 1.0 mol/L 乙酸锌溶液，用 400 g/L NaOH 溶液调 pH 为 12 左右，再搅拌片刻，静置沉淀。离心分离，弃去清液。以少量水洗沉淀 2 次。沉淀用 10 mL 抗氧配位使用液（b）溶解后，转移至 50 mL 容量瓶中，加水至标线，混匀。按上述步骤测定其电势值（E_x）。

（3）在 50 mL 容量瓶中加入 10 mL 抗氧配位使用液（b），加水至标线，混匀。按上述步骤测定其分析空白电势值 E_b。

上述测定均需平行 6 次，取平均值。

（4）据 $E_x - E_b$ 值从校准曲线上查出相应的浓度，按下式计算水样中硫化物的浓度：

$$\rho_{S^{2-}} = \frac{c_x \times 16.04 \times 50}{V} \times 1000$$

式中：$\rho_{S^{2-}}$ 为水样中硫化物（S^{2-}）浓度，mg/L；c_x 为查标准曲线得的硫（S^{2-}）的浓度，mol/L；V 为水样体积，mL；16.04 为 1/2 硫的摩尔质量数值，单位用 g/mol。

6. 注意事项

（1）电极性能的好坏是决定测试结果的关键，为此对电极的使用要注意保护。

（2）当 pH＞13 时，电极膜受腐蚀。由于在强碱性溶液中操作，所以要注意控制溶液的 pH 值，电极用后要用去离子水洗净到空白值，擦干避光保存。

（3）CN^- 会使电极中毒干扰测定。可加入甲醛掩蔽，加入量视 CN^- 浓度大小而定。

思考题

1. 仪器使用过程有什么注意事项？
2. 测量过程电极电势与 S^{2-} 的浓度有什么关系？请证明。

实验16 海水中氟离子的测定

离子选择性电极法

1. 实验目的

(1) 熟悉用氟离子选择性电极测定海水中氟的原理和方法。
(2) 学习并掌握离子计的作用。

2. 仪器

PXSJ-216型离子计
电磁搅拌器
氟离子选择性电极和222（或232）型饱和甘汞电极

3. 试剂

均为 AR 级，所用水为二次交换水或重蒸水。

F$^-$储备液　称取 0.221 0 g NaF（先经120℃烘干 2 h），用 TISAB：人工海水 = 1:1 的混合液（见后）溶解，并定容至 1 L，储于聚乙烯塑料瓶中，此液含氟 100 μg·mL^{-1}。

TISAB　取 57 mL 冰醋酸、58 g NaCl、12 g 二水合柠檬酸钠一并加入到盛有约 500 mL 蒸馏水的大烧杯中，搅拌使其溶解。再慢慢加入 $c(NaOH) = 6\,mol·L^{-1}$ 的 NaOH 溶液（约 125 mL）调节 pH 值为 5.0~5.5，冷至室温，加水至 1000 mL。

含氟的 TISAB　配法同上，在加水稀释前加 2.00 mL 100 μg/mL 的氟标准溶液，定容为 1 L，此液含氟 0.2 μg·mL^{-1}。

人工海水　称 23.477 g NaCl、4.981 g MgCl$_2$、3.917 g Na$_2$SO$_4$、1.102 g CaCl$_2$、0.192 g NaHCO$_3$、0.664 g KCl 溶于 800 mL 水中，再用水稀释至 1000 mL。

4. 实验原理

离子选择性电极用于分析测定，具有灵敏度高，选择性好，操作简便、快速、设备简单等优点。离子选择性电极对某种离子有特效响应功能，其电极电势与被测离子的活度的关系服从 Nernst 方程，因而可做定量分析。

离子选择性电极除对被测离子响应外，对溶液中其他共存离子也会有不同程度的响应，其影响程度可用选择性系数表示。选择性系数的大小与电极材料及制作工艺有关，其定义及测定的方法，不在本实验中讨论。

氟离子选择性电极有 LaF_3 压成单晶膜制成,能对 F^- 产生 Nernst 响应。测氟时,把它与甘汞电极同时放入含氟溶液中,组成原电池。

氟电极的电极电位为

$$\varphi_{氟电极} = \varphi^{\theta} - \frac{RT}{F}\ln a_{F^-}$$

原电池电动势为

$$E = \varphi_{甘汞} - \varphi_{氟电极} = K + S\lg a_{F^-} \quad (其中\ S = 2.303\ RT/F)$$

电池电动势用高输入阻抗的离子计来测量,如果保持活度因子不变,则

$$E = K + S\lg r_{F^-} + S\lg c(F^-) = K' + S\lg c(F^-)$$

由上式可见,电池电动势与被测溶液氟离子浓度的对数呈线性关系。把已活化好的氟电极和饱和甘汞电极连接在离子计上,依次插入一系列已知准确浓度的 F^- 标准溶液中,测其相应的电动势。以测得的电动势 E 值对 $\lg c$(F^-)作图,得一直线,即为校正曲线。再在相同条件下,测定样品的 E_x 值,然后从校正曲线上查出被测样品的 F^- 浓度。

为了使活度因子相同,通常是在标准溶液和样品液中,同样地加入一种离子强度很大的溶液,使它们的离子强度尽量接近,以达到离子的活度因子基本相同。所加入的溶液叫作总离子强度调节缓冲液(TISAB)

氟电极测定 F^- 的最佳 pH 值为 5.0～5.5,要求 TISAB 的酸度控制在这个范围。

5. 实验步骤

(1)将氟电极和甘汞电极连接在离子计上,再将电极浸入去离子水中,用去离子水清洗电极至空白值。

(2)标准曲线的绘制。

1)取 5 个 100 mL 容量瓶,编号,分别加入 100 μg/mL 的氟储备液 0.20 mL、0.50 mL、1.00 mL、5.00 mL、10.0 mL,用 TISAB 和人工海水液按 1:1 体积配成的混合液稀释到刻度,依次得到浓度为 0.20 μg/mL、0.50 μg/mL、1.00 μg/mL、5.00 μg/mL、10.0 μg/mL 的标准溶液。

2)取 25 mL 烧杯 5 个,分别加入上面 5 种标准液约 20 mL,加入搅拌磁子,插入电极,开动电磁搅拌器,按由稀到浓的顺序测出各种溶液的平衡电动势,作出 E(mV) - $\lg c(F^-)$ 校正曲线。

(3)海水测定。取 25 mL 烧杯一个,加入 10.0 mL 海水和 10.0 mL 含氟的 TISAB,如上法测其平衡电动势(E_x)。从标准曲线上查出响应的氟浓度 c_x(μg/mL)。(注意:测样品前要用水清洗电极至空白值)。

(4)结果计算:

$$海水中氟含量 = \frac{40.0 \times c_X - 20.0 \times 0.20}{20.0} \ (mg/L)$$

6. 注意事项

（1）氟电极在作用前，宜在纯水中浸泡数小时或过夜，最好是浸在 0.001 mol/L NaF 溶液中活化 1～2 h，再用去离子水清洗，直至电极在去离子水中能达到电极使用说明书所要求的电势值为止。连续使用的中间空隙应浸泡在水中，长久不用时则需风干保存。电极晶片要小心保护，切勿与尖硬物碰撞。如沾有油污，用脱脂棉依次涂酒精和丙酮轻拭，再以纯水洗净。

（2）电极在接触浓的含氟溶液后测稀溶液时，往往伴有迟滞效应。因此，用于测定 pH=5 左右的电极不宜接触浓氟溶液，否则会产生误差。测定顺序由稀溶液到浓溶液进行。

（3）电极电势的平衡时间随氟离子浓度低而延长。测定时，如果点位在 1 min 变化不超过 1 mV 时即可读取平衡电势值。

思考题

1. 用氟电极测定溶液中氟含量时为什么要加入总离子强度调节缓冲液（TISAB）？
2. 测定样品时，为什么要先用水清洗至电极的空白值？

第二部分　综合型实验

综合性实验强调实验的综合性和先进性，是学生在掌握了一定的基础理论知识和基本操作技能基础上进行的，它是运用一门课程的不同章节的理论知识和实验技能，或综合运用同一学科门类的多门课程的理论知识与实验技能，或综合运用跨学科的多门课程的理论知识与实验技能，以学生为主导进行理论知识、实验技能、实验方法的综合训练的一种复合性实验。实验内容引入了原子吸收仪、电感耦合等离子体原子发射光谱仪和电感耦合等离子体质谱仪等大型分析仪器，主要培养学生的综合分析能力、实验动手能力、数据处理能力及查阅资料能力。

实验 17　硅酸盐的测定

17.1　硅钼黄光度法

1. 实验目的

（1）掌握分光光度法分析原理及操作步骤。
（2）了解硅钼黄形成机制和稳定条件。
（3）学会应用硅钼黄分光光度法测定海水中的硅。

2. 方法提要

水样中的活性硅酸盐与钼酸铵－硫酸混合试剂反应，生成黄色化合物（硅钼黄），于 380 nm 波长处测量吸光度。本法适用于硅酸盐含量较高的海水。

3. 仪器和装置

分光光度计
铂坩埚
水样瓶　1500 mL 聚乙烯瓶，初次使用前须用海水浸泡数天。

4. 试剂

所有试剂、溶液及纯水均用塑料瓶保存，选用含硅更低的试剂可降低空白值。本法中所用水均指无硅蒸馏水或等效纯水。

钼酸铵溶液（100 g/L） 称取 10 g 钼酸铵 $[(NH_4)_6Mo_7O_{24}\cdot 4H_2O]$ 溶于水中并稀释至 100 mL（如浑浊应过滤），贮存于聚乙烯瓶中。

硫酸（1+4） 将 50 mL H_2SO_4 缓慢加入 200 mL 水中，边加边搅拌，冷却，盛于试剂瓶中。

硫酸-钼酸铵混合溶液 1 体积 (1+4) H_2SO_4 与 2 体积 $(NH_4)_6Mo_7O_{24}$ 溶液混匀，贮存于聚乙烯瓶中。有效期为 1 周。

人工海水的配制：

盐度 28　称取 25 g NaCl、8 g $MgSO_4\cdot 7H_2O$ 溶于水，稀释至 1000 mL。

盐度 35　称取 31 g NaCl、10 g $MgSO_4\cdot 7H_2O$ 溶于水，稀释至 1000 mL。

其他盐度的人工海水可按上述比例配制。贮存于聚乙烯容器中。

硅标准储备液的配制：

硅酸盐标准溶液系列（国家海用洋局第二海洋研究所配制生产） 硅酸盐标准储备液也可按下述方法自行配制，但必须定期用二所标准溶液校准。

用氟硅酸钠配制 $[\rho(Si)=300\ mg/L]$ 将氟硅酸钠（Na_2SiF_6，优级纯）在 105°C 下烘干 1 h，取出置于干燥器中冷却至室温，称取 2.0090 g 置塑料烧杯中，加入约 600 mL 水，用磁力搅拌至完全溶解（需半小时）全部移入 1000 mL 塑料容量瓶，加水至标线。贮存于塑料瓶中，有效期 1 年。

用二氧化硅配制 $[\rho(Si)=300\ mg/L]$ 称取 0.6418 g 研细至 200 目二氧化硅或色层用硅胶（SiO_2，高纯，经 1000°C 灼烧 1 h）于铂坩埚中，加 4 g 无水 Na_2CO_3 混匀。在 960~1000°C 熔融 1 h，冷却后用热的纯水溶解，稀释至 1000 mL，盛于聚乙烯瓶中。有效期一年。

硅标准溶液 $\rho(Si)=15.0\ \mu g/mL$ 取 5.00 mL 硅标准储备溶液加水稀释至 100 mL，盛于聚乙烯瓶中，有效期 1 d。

草酸溶液（100 g/L） 称取 10.0 g 草酸（$H_2C_2O_4\cdot 2H_2O$，优级纯）溶于水并稀释至 100 mL，过滤，贮存于试剂瓶中。

5. 校准曲线

向 6 个 50 mL 具塞比色管中分别移入 0 mL、1.00 mL、2.00 mL、4.00 mL、6.00 mL、8.00 mL 硅标准溶液，加纯水至标线。系列浓度为 0 mg/L、0.30 mg/L、0.60 mg/L、1.20 mg/L、1.80 mg/L、2.40 mg/L。

分别加入 3.0 mL 硫酸-钼酸铵混合液，混匀。放置 5 min，加 2.0 mL 草酸溶液，充分混匀。

显色完全且稳定时（15 min），于 380 nm 波长处，用 2 cm 比色皿，以蒸馏水为

参比测量吸光度 A_i 和 A_0（标准空白）。

以吸光度（$A_i - A_0$）为纵坐标，相应硅的浓度（mg/L）为横坐标，绘制校准曲线。

6. 分析步骤

（1）量取 50.0 mL 水样于 50 mL 具塞比色管中，同时取 50 mL 纯水进行空白分析。

（2）参照绘制校准曲线步骤测定水样吸光度 A_w 及分析空白吸光度 A_b。

如水样的硅酸盐含量较低，则改用 5~10 cm 比色皿，测定水样及标准系列的吸光度。

（3）由（$A_w - A_b$）值，查校准曲线得浓度值 ρ，按下式计算水样中活性硅酸盐浓度：

$$\rho_{Si} = f_s \times \rho$$

式中：ρ_{Si} 为水样中活性硅酸盐（Si）的质量浓度，mg/L；ρ 为查校准曲线或用线性回归方程计算得硅的浓度，mg/L；f_s 为盐度校正因数，由表 17.1 查出。

表 17.1 盐度校正 f_s

盐度	1~	5~	10~	15~	20~	25~	28~	34
f_s		1.10	1.15	1.20	1.22	1.23	1.24	1.25

7. 注意事项

（1）校准曲线在水样测定实验室制定，工作期间每天加测一次标准溶液以检查校准曲线，并须每个站位至少测一份空白。曲线沿用的时间最多为一周。

（2）温度对反应速度影响较大，整个实验操作的温度变化范围应控制在 ±5℃ 以内。

（3）当试液中加混合液后，一般 60 min 内颜色稳定，应及时完成测定；否则，结果偏低。

（4）器皿和比色皿要及时清洗，必要时可用等体积 HNO_3 与 H_2SO_4 的混合酸或 H_2CrO_4 洗液短时间浸泡，洗净。

（5）此方法的显色受酸度及钼酸铵浓度影响，因此要注意测定条件尽量一致。

（6）此方法受水样中离子强度的影响而造成盐误差，除用盐度校正表外，最好用接近水样盐度的人工海水制得硅酸盐校正曲线。

思考题

1. 海水中硅的赋存形态有哪些？
2. 影响硅钼黄形成和稳定的因素有哪些？
3. 实验操作中应注意哪些问题？

17.2 硅钼蓝光度法

1. 实验目的

(1) 掌握硅钼蓝分光光度法测定海水中活性硅酸盐的方法原理。
(2) 了解硅钼蓝的形成机理和稳定条件。

2. 方法提要

活性硅酸盐在酸性介质中与钼酸铵反应,生成黄色的硅钼黄;当加入含有草酸(消除磷和砷的干扰)的对甲替氨基苯酚—亚硫酸钠还原剂,硅钼黄被还原硅钼蓝,于 812 nm 波长测量吸光度。

本方法适用于硅酸盐含量较低的海水。

3. 仪器和装置

同 17.1。

4. 试剂

为取得最好的结果,可使用硅含量更低的试剂。试剂溶液及纯水用塑料瓶保存,可降低空白值。本法中所用水均指无硅蒸馏水或等效纯水。

钼酸铵(酸性)溶液　称取 2.0 g 钼酸铵 [$(NH_4)_6Mo_7O_{24} \cdot 2H_2O$] 溶于 70 mL 水,加 6 mL HCl,稀释至 100 mL(如浑浊应过滤),贮存于聚乙烯瓶中。

草酸溶液(100 g/L)　称取 10 g 草酸(优级纯)溶于水,稀释至 100 mL,过滤,贮存于聚乙烯瓶中。

硫酸(1+3)　在搅拌下,将 1 体积 H_2SO_4,缓慢地加入至 3 体积水中,冷却后盛于聚乙烯瓶中。

对甲替氨基酚(硫酸盐)- 亚硫酸钠溶液　称取 5 g 对甲替氨基酚(米吐尔)溶于 240 mL 水,加 3 g 亚硫酸钠(Na_2SO_3),溶解后稀释至 250 mL,过滤,贮存于棕色试剂瓶中,并密封保存于冰箱中,此液可稳定 1 个月。

还原剂　将 100 mL 对甲替氨基酚-亚硫酸钠溶液和 60 mL 草酸混合,加 120 mL H_2SO_4 溶液,混匀,冷却后稀释至 300 mL,贮存于聚乙烯瓶中。此液临时用时配置。

人工海水　同 17.1。

硅标准储备溶液　300 μg/mL。同 17.1。

硅标准溶液　15.0 μg/mL。同 17.1。

5. 校准曲线

取 7 个 100 mL 容量瓶,分别移入 0 mL、1.00 mL、2.00 mL、3.00 mL、4.00 mL、

5.00 mL、6.00 mL 硅标准溶液，加纯水至标线，混匀。即得一系列标准溶液。

向 7 个 50 mL 具塞比色管中加入 3 mL 钼酸铵溶液，再分别移入 20 mL 上述硅标准系列溶液，每加标准溶液后，立即混匀，放置 10 min，加入 15 mL 还原剂溶液，加水稀释至 50 mL，混匀，系列各点的含硅量分别为 0 μg、3.00 μg、6.00 μg、9.00 μg、12.00 μg、15.0 μg、18.0 μg。

3 h 后，用 5 cm 比色皿，以蒸馏水为参照液，于 812 nm 波长处逐个测量吸光度 A_i。其中含硅量为 0 μg 时溶液吸光度为 A_0。

以吸光度 ($A_i - A_0$) 为纵坐标，相应硅的含量 (μg) 为横坐标，绘制校准曲线。

6. 分析步骤

（1）加 3 mL 钼酸铵溶液至 50 mL 具塞比色管中，移入 20 mL 水样与之混合。放置 10 min，加 15 mL 还原剂，加水稀释至 50 mL，混匀。

（2）参照上述绘制校准曲线步骤，测量水样的吸光度 A_w。

（3）以 20 mL 纯水替代水样，参照上述步骤，测定分析空白吸光度 A_b。

由 ($A_w - A_b$) 值查校准曲线得水样中硅量，按下式计算水样中活性硅酸盐的浓度：

$$\rho_{Si} = \frac{m}{V}$$

式中：ρ_{Si} 为水样中活性硅酸盐（Si）的质量浓度，mg/L；m 为校准曲线查得水样中硅量，μg；V 为所取水样体积，mL。

7. 注意事项

（1）测量水样时，硅酸盐溶液的温度与制定校准曲线时硅钼蓝溶液的温度之差不得超过 5℃。本法测量时最佳温度为 18～25℃。当水样温度较低时，可用水浴（18～25℃）。

（2）采集水样后立即过滤，然后储存于冰箱中（<4℃），在 24 h 内分析完毕。

（3）如水样中硅酸盐含量较低，则多取水样或改用较长光程的比色皿测量。如水样中硅酸盐含量较高，则采用较短光程的比色皿测量。

（4）校准曲线应在水样测定实验室制定，工作期间每天加测工作标准溶液，以检查曲线，并须每个站位加测一份空白。曲线沿用的时间最多为一周。

（5）此方法受水样中离子强度影响而造成盐度误差，除用盐度校正表外，最好用接近于水样盐度的人工海水制得硅酸盐校准曲线。

（6）水中含有大量铁质、丹宁、硫化物和磷酸盐将干扰测定。加入草酸以及硫酸化可以清除磷酸盐的干扰和减低丹宁的影响。

思考题

1. 实验过程中影响测定的干扰物质组分是哪些？

2. 硅钼蓝的形成与稳定因素有哪些？

3. 实验操作过程中应注意哪些问题？

实验 18　汞的测定

18.1　冷原子吸收光谱

1. 方法提要

海水样经硫酸－过硫酸钾消化，在还原剂氯化亚锡的作用下，汞离子被还原为金属汞，采用气－液平衡开路吸气系统，在 253.7 nm 波长处测定汞原子特征吸光度。

本法适用于大洋、近岸及河口区海水中汞的测定。方法测出限为 1.0×10^{-3} μg/L。

2. 仪器和装置

测汞装置见图 18.1。

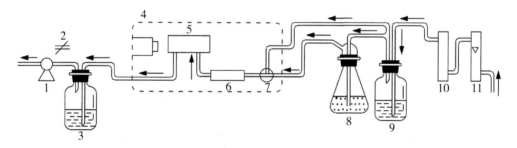

1—抽水泵；2—空气流量调节阀；3—含汞废气吸收器；4—测汞仪；5—光吸收池；6—干燥管；
7—三通阀；8—汞蒸气发生瓶；9—空气净化装置；10—活性炭吸收装置；11—气体流量计

图 18.1　冷原子吸收测汞装置

汞蒸气发生瓶　用 250 mL 锥形玻璃洗瓶改制而成，截割洗瓶通气管下端，恰使管端刚离开待测的液面。

3. 试剂

过硫酸钾

无水氯化钙　用于装填干燥管。

低汞海水　表层海水经滤纸过滤，汞含量应低于 0.005 μg/L。

硝酸

硫酸

盐酸

盐酸羟胺溶液（100 g/L） 称取 25 g 盐酸羟胺溶于水中，并稀释至 250 mL。

氯化亚锡溶液（200 g/L） 称取 100 g $SnCl_2$ 于烧杯中，加入 500 mL(1+1)HCl，加热至 $SnCl_2$ 完全溶解，冷却后盛于试剂瓶中。临用时加等体积水稀释。汞杂质高时，通入氮气除汞，直至汞含量检不出。

汞标准储备溶液 $[\rho(Hg) = 1.00 \text{ mg/mL}]$ 称取 0.1354 g $HgCl_2$（预先在 H_2SO_4 干燥器中干燥过）于 10 mL 烧杯中，用 (1+19)HNO_3 溶解，全部移入 100 mL 容量瓶中，加 (1+19)HNO_3 稀释至刻度，混匀。盛于棕色硼硅玻璃试剂瓶中，保存期为 1 年。

汞标准中间溶液 $[\rho(Hg) = 10.0 \text{ μg/mL}]$ 称取 1.00 mL 汞标准储备溶液（1.00 mg/mL）于 100 mL 容量瓶中，加 (1+19)HNO_3 稀释至刻度，混匀。此溶液保存期为 1 周。

汞标准溶液 $[\rho(Hg) = 0.100 \text{ μg/mL}]$ 称取 1.00 mL 汞标准中间溶液 10.0 μg/mL 于 100 mL 容量瓶中，加 0.5 mol/L H_2SO_4 稀释至刻度，混匀。此溶液应当日配制。

4. 校准曲线

取 6 个汞蒸气发生瓶，分别加入 100 mL 低汞海水、2.5 mL (1+1)H_2SO_4，摇匀，用 0.2 mL 刻度吸管分别移入 0.00 mL、0.010 mL、0.020 mL、0.040 mL、0.060 mL、0.080 mL 汞标准溶液（0.100 μg/mL），混匀。

将测汞系统上的三通开关 7 转至调零档，以 1～1.5 L/min 流速的空气通过光吸收池。

将汞蒸气发生瓶连接于测汞系统中，加入 2.0 mL 200 g/L $SnCl_2$ 溶液，塞紧瓶塞，剧烈振摇 1 min。

调节测汞仪零点，把三通开关转至测定档，测其吸光度 A_i。

标准空白吸光度为 A_0，以吸光度 $(A_i - A_0)$ 为纵坐标，相应的汞量（μg）为横坐标，绘制校准曲线。

5. 分析步骤

（1）量取 100 mL 海水样于 250 mL 锥形瓶中，加 2.5 mL (1+1)H_2SO_4、0.25 g $K_2S_2O_8$ 放置在常温下消化 15 h 以上，或加热煮沸 1 min 后冷却至室温（采样时也可先按计量加入上述两种消化剂）。滴加 2 mL 100 g/L 盐酸羟胺溶液。

（2）将溶液转移入汞蒸气发生瓶（注意赶尽氯气！）其余按照校准曲线第二步骤测量吸光度 A_b。

（3）量取 100 mL 无汞纯水，按以上步骤测定分析空白值 A_b。

由 $(A_w - A_b)$ 值查校准曲线得汞量 m，按下式计算海水样中汞浓度

$$\rho_{Hg} = \frac{m}{V} \times 1000$$

式中：ρ_{Hg} 为水样中汞的质量浓度，μg/L；V 为水样体积，mL；m 为水样中汞含量，μg。

6. 注意事项

（1）试样制备。水样现场预处理，加 H_2SO_4 调至 pH < 2，储存于硬质玻璃瓶中保存。

在量取测定水样之前向水样加入的试剂溶液超过 1% 体积时，按下列公式进行体积校正：

$$V = \frac{V_1 \times V_3}{V_1 + V_2}$$

式中：V 为校正后水样体积，mL；V_1 为原始水样体积，mL；V_2 为加入试剂溶液体积，mL；V_3 为量取测定水样体积，mL。

（2）汞离子在蒸馏水中极不稳定，因此，汞的标准系列应配于过滤的表层海水或 20 g/L NaCl 溶液中。

（3）氯气影响测定结果，在测定前必须除净消化样品中的氯气，否则结果偏高。

（4）所用器皿，均须用（1+3）HNO_3 浸泡 1 d 以上，并检查合格。

（5）用过的汞蒸气发生瓶，须用酸性 $KMnO_4$ 溶液洗涤，再用水洗净。

思考题

1. 简述冷原子吸收光谱测定汞的方法原理？
2. 本实验中影响汞测定的因素有哪些？
3. 氯气为何会影响测定结果？

18.2 双硫腙光度法

1. 方法提要

汞在酸性条件下，用高锰酸钾氧化成离子汞，再用氯化亚锡将离子汞还原成原子汞蒸气。随载气进入高锰酸钾吸收液中，再以双硫腙 - 四氯化碳溶液萃取。汞与双硫腙反应生成橙色螯合物，于 485 nm 波长处测量吸光度。

本方法适用于近岸排污口、港口及工业排污水域含汞较高的水样，不适用于远海及大洋等低汞海水的测定。方法检出限为 0.4 μg/L。

2. 仪器和装置

分光光度计
汞蒸气发生瓶（250 mL）
活芯气体采样管（包氏吸收管）（10 mL）
分液漏斗（50 mL、250 mL、500 mL）

具塞比色管（25 mL）
短颈平底烧瓶（500 mL，24号标准口）
抽气泵
气体流量计
水流唧筒或医用注射器（100 mL）
可调温电炉（1000W）

3. 试剂

硫酸

盐酸

四氯化碳　优级纯或经纯化处理。

三氯甲烷

氨水

高锰酸钾溶液（50 g/L）　称取 5 g $KMnO_4$ 溶于水中并稀释至100 mL，混匀。于棕色试剂瓶中保存。

吸收液　分别取10 mL（1+1）H_2SO_4 和10 mL 50 g/L $KMnO_4$ 溶液混合，加水稀释至100 mL，混匀。

氯化亚锡溶液　称取100 g 氯化亚锡（$SnCl_2 \cdot 2H_2O$）于烧杯中，加入500 mL（1+1）HCl，加热至 $SnCl_2$ 完全溶解，冷却后盛于棕色试剂瓶中，于冰箱中保存。

氨水的提纯（等温扩散法）　分别取500 mL $NH_3 \cdot H_2O$ 和500 mL 去离子水分别放入烧杯中，置于同一个空干燥器中，加盖，放置两昼夜以上，将吸收提纯后的 $NH_3 \cdot H_2O$ 用 $c(HCl) = 1.0$ mol/L HCl 标定其浓度，再用水稀释至 1.0 mol/L。

盐酸羟胺溶液（100 g/L）　称取10 g $NH_2OH \cdot HCl$ 加水溶解，并稀释至100 mL，每次用5 mL 双硫腙使用液萃取数次，至有机相呈绿色为止，弃去有机相，水相盛于试剂瓶中。

盐酸羟胺的硫酸溶液　10 mL $NH_2OH \cdot HCl$（100 g/L）和10 mL H_2SO_4（1 mol/L）的混合液。

双硫腙–四氯化碳溶液

双硫腙储备溶液　称取100 mg 双硫腙溶于20 mL 三氯甲烷及80 mL 四氯化碳中，滤入250 mL 分液漏斗，加100 mL（1+50）$NH_3 \cdot H_2O$ 振摇萃取，此时双硫腙生成铵盐进入水相。将下层有机相转入第二个分液漏斗，再加100 mL（1+50）$NH_3 \cdot H_2O$ 萃取1次。弃去有机相，合并水相。用四氯化碳洗涤水相3次（每次30 mL），弃去有机相。向水相中滴加（1+2）HCl 至水溶液呈酸性，此时双硫腙以紫黑色片状结晶析出。用250 mL 四氯化碳分3次振荡提取，合并有机相，再经塞有脱脂棉的分液漏斗将有机相滤入棕色试剂瓶中（弃去初流液5 mL）。加入盐酸羟胺的 H_2SO_4 溶液覆于有机相液面上，置于冰箱中保存备用。

双硫腙使用液　透光率 $T = 70\%$（吸光度 $A_2 = 0.155$）。双硫腙使用液的浓度以透光率（T,%）表示（规定在 500 nm 波长处，用 1 cm 比色皿）。

配制方法及步骤 取 1.00 mL 双硫腙储备溶液于具塞比色管中，稀释至一定体积（V_3），通常为 10 mL，以四氯化碳为参比液调零点，在 500 nm 波长处，用 1 cm 比色皿测其吸光度（A_1）。

按所需使用液的浓度吸光度（A_2）和所需体积（V_2），见表 18.1 所列参数，按下式计算出移取储备溶液的体积（V_1，mL）。

$$V_1 = \frac{V_2 \times A_2 \times 1.00}{V_3 \times A_1}$$

表 18.1 测量参数

透光率	吸光度（A_2）	应用领域
70%	0.155	铅，汞
50%	0.301	锌，镉
30%	0.523	镉
20%	0.699	镉
15%	0.824	

EDTA 二钠盐溶液（50 g/L） 称取 5 g 乙二胺四乙酸二钠盐，加水溶解并稀释至 100 mL。每次用 5 mL 双硫腙使用液提取数次，至有机相为绿色，弃去有机相，水相盛于滴瓶中。

汞标准储备溶液 [$\rho(Hg) = 100.0\ \mu g/mL$] 称取 0.1354 g $HgCl_2$（优级纯）于 100 mL 烧杯中，用 1 mol/L H_2SO_4 溶解后，全部移入 1000 mL 容量瓶中，再用 1 mol/L H_2SO_4 稀释至标线，混匀。

汞标准溶液 [$\rho(Hg) = 1.00\ \mu g/mL$] 移取 1.00 mL 100 μg/mL 汞标准储备溶液于 100 mL 容量瓶中，用 1 mol/L H_2SO_4 稀释至标线，混匀。

4. 校准曲线

取 6 支具塞比色管，各加入 10.0 mL 吸收液，分别加入 0.00 mL、0.50 mL、1.00 mL、2.00 mL、3.00 mL、4.00 mL 汞标准溶液（1.00 μg/mL），加水补足至 20 mL。

滴加盐酸羟胺溶液，振摇至颜色褪尽，开盖放置 30 min。

向比色管中加入 5.0 mL 双硫腙使用液，剧烈振荡 200 次（过程中开盖放气一次），静置分层，用水流唧筒（或医用注射器）吸去上层水相。再用水洗涤有机相 2~3 次（每次用水约 20 mL），振荡 50 次即可，吸去水相。

加入 10 mL 1.0 mol/L $NH_3·H_2O$ 及 2 滴 50 g/L Na_2EDTA 溶液振荡 30 次，静置分层，同上法吸去水相。再加入 10 mL 1.0 mol/L $NH_3·H_2O$ 振荡 30 次，移入 50 mL 分液漏斗中。

将有机相通过塞有脱脂棉的分液漏斗,滤入干燥的 1 cm 比色皿中,以四氯化碳调零,于波长 485 nm 处测量吸光度 A_i 和 A_0(标准空白)。以 $A_i - A_0$ 为纵坐标,相应的含汞质量(μg)为横坐标,绘制校准曲线。

5. 分析步骤

(1)量取 500 mL 海水样,置于平底烧瓶中,加入 10 mL (1+1) H_2SO_4,2 mL 50 g/L $KMnO_4$ 溶液混匀。于电炉上加热升温至 70℃,保持 20 min,然后冷却至室温。消化中若 $KMnO_4$ 颜色褪尽,须适当补加 50 g/L $KMnO_4$ 溶液至紫红色稳定不变。

(2)向消化完的水样中,滴加 100 g/L 盐酸羟胺溶液,使过量的 $KMnO_4$ 颜色褪去。然后按图 18.2 接入曝气-吸收装置系统。

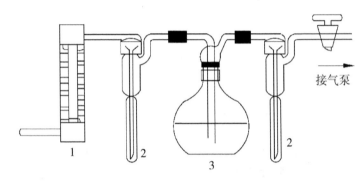

1—气体流量计;2—活芯气体采样管;3—汞蒸气发生瓶

图 18.2 曝气-吸收装置图

(3)取两个活芯气体采样管(包氏吸收管),各加入 10 mL 吸收液,按曝气-吸收装置示意图将气路系统接好。吸收管 1 是为了除去载气中的汞,不必每次更换。

(4)向汞蒸气发生瓶中加入 5 mL $SnCl_2$ 溶液,立即塞紧瓶塞,接通抽气泵,以 1500 mL/min 的流速曝气 15 min。

(5)取下级吸收管 2,将吸收液全部移入具塞比色管中。用总量为 10 mL 的水分 3 次洗涤吸收管 2,洗涤液并入比色管中。滴加 100 g/L 盐酸羟胺溶液至红色褪尽后,再加 2 滴(共 7~8 滴),充分振荡,开盖放置 30 min。

(6)按校准曲线步骤测量吸光度 A_w。

以无汞纯水代替样品,其操作步骤和条件与水样完全相同,测得吸光度 A_b。

(7)由测得的吸光度($A_w - A_b$)查得水样中汞量。水样中汞的质量浓度计算参见 62 页公式。

6. 注意事项

(1)所用玻璃仪器均须用(1+9)HNO_3 浸泡,清洗干净备用。

(2)二价锰(Mn^{2+})必须洗除干净,否则影响测定。

(3) 加入 10 mL 1.0 mol/L NH_4OH 及 2 滴 50 g/L EDTA 溶液振荡时强度不宜过大,并且各管振荡强度与次数尽可能一致。

思考题

1. 双硫腙的 pH 值与萃取率有何关系?其关系是如何影响实验结果的?
2. 为什么实验前将所用玻璃仪器用 (1+9)HNO_3 浸泡?

实验 19　铜的测定

19.1　原子吸收光谱法

1. 方法提要

在 pH 为 5~6 条件下,水中溶解态铜与吡咯烷二硫代甲酸铵(APDC)及二乙氨基二硫代甲酸钠(NaDDTC)形成螯合物,用甲基异丁酮(MIBK)萃取富集分离后,在铜的特征吸收谱线处测量其吸光度。本方法适用于海水中痕量铜的测定。方法检出限为 1.1 μg/L。

2. 仪器和装置

原子吸收光谱仪
空气压缩机
离心器(2500 r/min)
分液漏斗(125 mL)

3. 试剂

硝酸
盐酸
甲基异丁酮
氨水(1+10)　用经等温扩散法提纯后的 $NH_3 \cdot H_2O$ 配制。
酒石酸铵溶液(1 mol/L)　称取 18.4 g 酒石酸铵溶于水并稀释至 100 mL,用定量滤纸过滤于试剂瓶中。
吡咯烷二硫代甲酸铵(APDC)-二乙氨基二硫代甲酸钠(NaDDTC)混合溶液　将 20 g/L APDC 溶液和 20 g/L NaDDTC 溶液等体积混合,用定量滤纸过滤后与 1 mol/L 酒石酸铵溶液等体积混合,用 1/6 体积的 MIBK 萃取 2 min。弃去有机相,水相待用(当日配制)。

铜标准储备溶液 [$\rho(Cu) = 1.00$ mg/mL]　称取 0.1000 g 铜粉（含量 99.99%）置于 25 mL 烧杯中，加几滴水湿润，加 10 mL(1+1)HNO_3，于电热板上加热，蒸至近干。取下稍冷，加 2 mL (1+1)HNO_3，微热溶解。取下冷却，全部转入 100 mL 容量瓶中，加水至标线，混匀。

铜标准溶液 [$\rho(Cu) = 2.00$ μg/L]　用 (1+99)HNO_3 逐级稀释铜标准储备溶液配制。

溴甲酚绿指示液（1 g/L）　称取 0.1 g 溴甲酚绿溶于 100 mL (20+80) 乙醇中。

4. 校准曲线

在 6 个分液漏斗中，各加入约 50 mL 水，再分别加入 0.00 mL、0.40 mL、0.80 mL、1.20 mL、1.60 mL、2.00 mL 铜标准溶液（2.00 μg/L），用水稀释至 100 mL，混匀。标准系列各点含铜浓度分别为 0 μg/L、8.00 μg/L、16.0 μg/L、24.0 μg/L、32.0 μg/L、40.0 μg/L。

各加入 2 滴溴甲酚绿指示液，用 (1+10)$NH_3 \cdot H_2O$ 和 (1+1)HCl 调节至浅蓝色，pH 为 (5.5±0.5)。

各加入 10 mL APDC–NaDDTC 混合溶液，混匀。

各加入 4.0 mL 甲基异丁酮，振荡萃取 3 min，静置分层后，弃去水相。

有机相移入 10 mL 具塞刻度离心管中，另取 1 mL 甲基异丁酮洗涤分液漏斗，有机相并入离心管。

加甲基异丁酮将有机相稀释至 5 mL。手持振摇，半分钟后于离心器上离心 1 min。用 AAS 法测定吸光度，仪器工作条件见表 19.1。

表 19.1　仪器工作参数

元素	吸收波长	灯电流	狭缝	空气流量	乙炔流量	燃烧器位置
Cu	324.8 nm	7.5 mA	1.3 mm	1.58×10^5 Pa	2.45×10^4 Pa	7.5 mm

注：以 Z–5000 型原子吸收光谱仪为例。

按选定的仪器工作条件以甲基异丁酮调零，测量吸光度 A_i 和 A_0。

以吸光度 ($A_i - A_0$) 为纵坐标，以铜的浓度（μg/L）为横坐标，绘制校准曲线。

5. 分析步骤

(1) 移取 100 mL 海水样于分液漏斗中，按校准曲线第二步骤之后测定水样的吸光度 A_w。量取 100 mL 与海水样同步过滤、加酸固定的纯水，按同样步骤测定分析空白吸光度 A_b。

(2) 由吸光度 ($A_w - A_b$) 从校准曲线上查得水样中铜的浓度（μg/L）。

6. 注意事项

(1) 本方法所用的器皿均先用 (1+1)HNO_3 浸泡 24 h 以上，使用前用二次去离子水冲洗干净，待用。

（2）水样现场预处理。用 0.45 μm 纤维滤膜过滤，加硝酸至 pH<2。贮存于聚乙烯塑料瓶中。保存时间为 90 d。

（3）滤膜预先在 0.5 mol/L HCl 中浸 12 h，用纯水冲洗至中性，密封待用。

（4）水样体积的校正。在量取测定水样之前向水样加入的试剂溶液超过 1% 体积时，按 63 页公式进行体积校正。

思考题

1. 简述原子吸收光谱仪的基本原理。
2. 为什么选用甲基异丁酮（MIBK）萃取分离铜与 APDC 及 NaDDTC 形成的螯合物？
3. 为什么溴甲酚绿指示液在 pH=5.5 左右会变为浅蓝色？

19.2 石墨炉原子吸收光谱法

1. 方法提要

在 pH 为 5~6 时，水中溶解态铜与吡咯烷二硫代甲酸铵（APDC）及二乙氨基二硫代甲酸钠（NaDDTC）螯合，以甲基异丁酮（MIBK）萃取分离后在铜的特征谱线处测量吸光度。

本方法适用于海水中痕量铜的测定。方法检出限为 0.2 μg/L。

2. 仪器和装置

石墨炉原子吸收光谱仪

石英亚沸腾蒸馏器

离心机（2500 r/min）

3. 试剂

硝酸

盐酸

氨水（纯度不高则须用等温扩散法提纯，并用 1.0 mol/L HCl 标定其浓度。详见 16.2 双硫腙光度法）。

乙醇（20+80）

酒石酸铵溶液　称取 46 g 酒石酸铵，用水溶解并稀释至 500 mL，用时与配位剂一起提纯。

甲基异丁基酮（MIBK）　优级纯。如果含干扰杂质，用石英亚沸腾蒸馏器蒸馏提纯。

环己烷 – MIBK 混合液（1 + 4）

吡咯烷二硫代甲酸铵（APDC）– 二乙氨基二硫代氨甲酸钠（NaDDTC）混合溶液 先将 10 g/L APDC 溶液和 10 g/L NaDDTC 溶液等体积混合，用定性滤纸过滤后再与酒石酸铵溶液等体积混合，于分液漏斗内，加 MIBK 使水相与 MIBK 的体积比约为 6∶1，萃取 2 min。待分层后放出水相，弃有机相。再按同样步骤萃取 3 次。最后，水相用离心机分离至清后待用。当日配制。

铜标准储备溶液 [ρ(Cu) = 1.00 mg/mL] 称取 0.1000 g 铜粉（含量 99.99%），置于 25 mL 烧杯中，加几滴水湿润，加 10 mL（1 + 1）HNO_3，于电热板上加热，蒸至近干。取下稍冷，加 2 mL（1 + 1）HNO_3，微热溶解。取下冷却，全部转入 100 mL 容量瓶中，加水至标线，混匀。

铜标准溶液 [ρ(Cu) = 20.0 μg/L] 用（1 + 99）HNO_3 逐级稀释铜标准储备溶液配制。

溴甲酚绿指示液（1 g/L） 称取 0.1 g 溴甲酚绿溶于 100 mL（20 + 80）乙醇中。

4. 校准曲线

取 6 支 25 mL 比色管，分别加入 0.00 mL、1.00 mL、2.00 mL、3.00 mL、4.00 mL、5.00 mL 铜标准溶液（20.0 μg/L），用水稀释至 10 mL，系列各点含铜浓度分别为 0.00 μg/L、2.00 μg/L、4.00 μg/L、6.00 μg/L、8.00 μg/L、10.00 μg/L。

加入 1 滴溴甲酚绿指示液，用 1 mol/L $NH_3 \cdot H_2O$ 和（1 + 10）HCl 调节溶液至浅蓝色，pH 为（5.5 ± 0.5）。

加 2 mL 配位剂混合液和 1.5 mL（1 + 4）环己烷 – MIBK 混合液，振荡 2 min，静置分层。

移取 20.0 μL 有机相注入石墨管中，按不同型号仪器选择的最佳工作条件测量吸光度 A_i 和 A_0。以测得的吸光度（$A_i - A_0$）为纵坐标，以相应铜的浓度（μg/L）为横坐标，绘制校准曲线。

5. 分析步骤

量取 10.0 mL 海水样置于 25 mL 比色管内，按校准曲线步骤测量吸光度 A_w。同时取 10.0 mL 纯水与水样同步过滤，加酸固定，测量分析空白值 A_b。

由吸光度（$A_w - A_b$）从校准曲线上查得所测水样铜的浓度（μg/L）。

6. 注意事项

（1）所用器皿、环境都必须洁净，防止沾污。

（2）若水样含铜量很低时，取样量可增至 20 mL，石墨炉进样量可增至 50 μL。

（3）用 0.1 mol/L $NH_3 \cdot H_2O$ 和（1 + 10）HCl 调 pH 至接近蓝色时，改用更稀的（1 + 100）$NH_3 \cdot H_2O$ 或 HCl 仔细调节恰使溶液刚好变浅蓝色，以此确保溶液 pH 在给定的 pH 范围内。

（4）萃取后的有机相若不分离，可稳定一星期。

思考题

1. 操作石墨炉原子吸收光谱仪时需特别注意什么地方？
2. 石墨炉原子吸收法与火焰原子吸收法相比有何优点？在分析不同样品时应如何选择分析方法？
3. 影响实验结果准确性的因素有哪些？

实验 20　铅的测定

20.1　原子吸收光谱法

1. 方法原理

在 pH 为 4～5 条件下，铅与吡咯烷基二硫代甲酸铵（APDC）和二乙氨基二硫代甲酸钠（NaDDTC）形成螯合物，经甲基异丁酮（MIBK）和环己烷混合溶液萃取分离，用硝酸溶液反萃取，于 283.3 nm 波长处测量吸光度。

本法适用于近海、沿岸、河口水中铅的测定。方法检出限为 1.8 μg/L。

2. 仪器

原子吸收光谱仪

3. 试剂

二次去离子无铅水

硝酸

氨水　等温扩散法提纯，浓度约为 6 mol/L。

乙酸

甲基异丁酮（MIBK）-环己烷混合溶液　将 240 mL MIBK 和 60 mL 环己烷混合。

吡咯烷基二硫代甲酸铵（APDC）-二乙氨基二硫代甲酸钠（NaDDTC）混合溶液　分别称取 APDC 和 DDTC 各 1 g 溶于 50 mL 二次去离子无铅水中，经定量滤纸过滤，加二次去离子无铅水稀释至 100 mL。用 MIBK-环己烷混合液萃取 3 次，每次 10 mL。于冰箱内保存，1 星期内使用有效。

乙酸铵溶液　量取 100 mL 乙酸，用 6 mol/L NH$_3$·H$_2$O 中和至 pH 为 5。

铅标准储备溶液 ρ（Pb）=1.00 mg/mL　称取 0.5000 g 金属铅（纯度 99.99%），用（1+1）HNO$_3$ 加热溶解，冷却后全部转入 500 mL 容量瓶中，加（1+99）NHO$_3$

稀释至标线，混匀。

铅标准溶液 ρ（Pb）=100 μg/mL 称取 10.0 mL 铅标准储备溶液于 100 mL 容量瓶中，用（1+99）HNO_3 稀释至标线，混匀。

4. 校准曲线

取 6 个 50 mL 容量瓶，分别加入 0.00 mL、0.20 mL、0.50 mL、1.00 mL、1.50 mL、2.00 mL 100 μg/mL 铅标准溶液，用（1+99）HNO_3（使用前，加入少量的 MIBK-环己烷混合液振荡 1 min，弃去有机相）稀释至标线，混匀，系列各点铅的浓度分别为 0.00 μg/L、400 μg/L、1000 μg/L、2000 μg/L、3000 μg/L、4000 μg/L。用 AAS 法测定铅的吸光度 A_i。仪器工作条件见表 20.1。

表 20.1 原子吸收光谱仪工作条件（以 Z-5000 型仪器为例）

元　素	Pb
吸收线波长	283.3 nm
缝宽	1.3 mm
灯电流	7.5 mA
燃烧器高度	7.5 mm
压缩空气	1.58×10^5 Pa
乙炔	2.45×10^4 Pa

以吸光度（$A_i - A_0$）为纵坐标，相应的铅浓度为横坐标，绘制校准曲线。

5. 分析步骤

（1）量取 400 mL 经 0.45 μm 滤膜过滤的酸化海水（pH≈2）于 500 mL 锥形分液漏斗中，用 6 mol/L $NH_3 \cdot H_2O$ 和（1+99）HNO_3 调节 pH 至 4～5，加入 1 mL 乙酸铵溶液、2 mL APDC-DDTC 混合溶液、20 mL MIBK-环己烷混合液，振荡 2 min，静置分层。

（2）将下层的水相转入另一个 500 mL 分液漏斗中，加入 0.5 mL APDC-DDTC 混合溶液、10 mL MIBK-环己烷混合溶液，振荡 2 min，静置分层，弃去水相，将第二次萃取液并入第一次萃取的有机相中。

（3）加 10 mL 二次去离子无铅水洗涤有机相，静置约 5 min，仔细弃尽水相。

（4）加入 0.40 mL HNO_3，振荡 1 min，继续加入 9.6 mL 二次去离子无铅水，再振荡 1 min，静置分层，将 HNO_3 反萃取液收集于 10 mL 聚乙烯瓶中，此为反萃取液，按绘制校准曲线的仪器工作条件测量吸光度 A_w。同时测定分析空白吸光度 A_b。由（$A_w - A_b$）查标准曲线得反萃取液中铅浓度 ρ'_{Pb}。按下式计算水样中的铅浓度：

$$\rho_{Pb} = \frac{\rho'_{Pb} \times V_2}{V_1}$$

式中：ρ_{Pb} 为水样中铅质量浓度，μg/L；ρ'_{Pb} 为反萃取液中铅质量浓度，μg/L；V_2 为反萃取液的体积（10.0 mL）；V_1 为水样体积，mL。

6. 注意事项

（1）器皿必须用（1+3）HNO_3 浸泡 24 h 以上，使用前用二次去离子无铅水洗净。

（2）所用试剂必须在检查纯度后使用。不合要求的试剂应提纯。

（3）在萃取与反萃取过程中，溶液放出前须用二次去离子无铅水洗净分液漏斗出口管下端的内外壁，避免沾污。

（4）用细玻璃棒沾微量溶液测定其 pH 值时，应防止沾污。

（5）试样制备。测铅海水样品时须用全塑采水器采集，水样应经 0.45 μm 滤膜（滤膜应预先在 0.5 mol/L HCl 中浸 12 h，用纯水冲洗至中性，密封待用）过滤，并用 HNO_3 酸化水样至 pH 为 1～2，贮存于聚乙烯瓶中，再以聚乙烯薄膜袋包封样品瓶。

（6）水样体积的校正。在量取测定水样之前向水样加入的试剂溶液超过 1% 体积时，按 63 页公式进行体积校正。

思考题

1. 海水中铅含量大约为多少？
2. 为什么用 HNO_3 调节水样的 pH？为什么配制铅标准溶液用 HNO_3 稀释？
3. 二次去离子无铅水与去离子水有什么区别？

20.2 石墨炉原子吸收光谱法

1. 方法原理

在 pH 为 4～5 的介质中，铅与吡咯烷基二硫代甲酸铵（APDC）和二乙氨基二硫代甲酸钠（NaDDTC）形成螯合物，经甲基异丁酮（MIBK）－环己烷萃取分离，再以硝酸溶液反萃取，于 283.3 nm 波长处，测定铅的原子吸光度。

本方法适用海水中痕量铅的测定。方法检出限为 0.03 μg/L。

2. 仪器和装置

原子吸收光谱仪（配有氘灯背景校正器和石墨炉）

3. 试剂

亚沸水 二次去离子水经石英亚沸器蒸馏，流速约为 100 mL/h。

硝酸

氨水　等温扩散法提纯。

乙酸

甲基异丁酮（MIBK）- 环己烷混合液　将 240 mL MIBK 和 60 mL 环己烷在锥形分液漏斗中混合，加 3 mL HNO₃，振荡 0.5 min，用水洗涤有机相两次，弃去水相。按此重复处理 3 次。最后用水洗涤至水相 pH 为 6~7，收集有机相。

吡咯烷基二硫代甲酸铵（APDC）- 二乙氨基二硫代甲酸钠（NaDDTC）溶液　分别称取 APDC 3 次，每次 10 mL，收集的水溶液保存于冰箱中，1 周内有效。

乙酸铵溶液　量取 100 mL 乙酸于分液漏斗中，用 6 mol/L NH₃·H₂O 中和至 pH = 5。加 2 mL APDC - DDTC 溶液、10 mL MIBK - 环己烷混合液，振摇 1 min，弃去有机相。重复萃取提纯 3 次，存于试剂瓶中。

铅标准储备溶液 $[\rho(Pb) = 1.00\ mg/mL]$　称取 0.5000 g 金属铅（纯度 99.99%），用（1+1）HNO₃ 加热溶解，冷却后全部转入 500 mL 容量瓶中，加（1+99）HNO₃ 稀释至标线，混匀。

铅标准溶液 $[\rho(Pb) = 1.00\ \mu g/mL]$　用（1+99）HNO₃ 逐级稀释铅标准溶液储备溶液配制。

低铅大洋海水　经 0.45 μm 滤膜过滤，用 HNO₃ 酸化至 pH = 2。

溴甲酚绿溶液（1 g/L）　称取 0.1 g 溴甲酚绿溶于 100 mL（2+8）乙醇中。

4. 校准曲线

分别量取 200 mL 经 0.45 μm 滤膜过滤的酸化低铅大洋海水或无铅纯水于 6 个分液漏斗中，分别加入 0 μL、25 μL、50 μL、75 μL、100 μL、200 μL 铅标准溶液（1.00 μg/mL）。系列浓度分别为 0.00 μg/L、0.125 μg/L、0.250 μg/L、0.375 μg/L、0.500 μg/L、1.00 μg/L。

向分液漏斗中加入 1 滴溴甲酚绿溶液，用 6 mol/L NH₄OH 调至溶液呈蓝色（pH = 5.5），加 1 mL 乙酸铵溶液（溶液 pH 为 4~5）、2 mL APDC - NaDDTC 溶液、15 mL MIBK - 环己烷混合液，振荡 2 min，静置分层。

将水相移入另一分液漏斗中，加 0.5 mL APDC - NaDDTC 溶液、10 mL MIBK - 环己烷混合液，振荡 0.5 min，分层后弃去水相。

合并有机相，用 5 mL 亚沸水洗涤，静置分层，仔细弃尽水相。

加 0.20 mL HNO₃ 于有机相中，振荡 1 min，继续加 4.80 mL 水，再振荡 1 min，静置分层，将 HNO₃ 萃取溶液集于 10 mL 聚乙烯瓶中。取 20.0 μL HNO₃ 萃取液，按选定的仪器工作条件测定铅的吸光度 A_i 和 A_0（标准空白）。以吸光度（$A_i - A_0$）为纵坐标，相应的铅浓度（μg/L）为横坐标绘制校准曲线。

5. 分析步骤

（1）量取 200 mL 经 0.45 μm 滤膜过滤并加酸固定的海水样于分液漏斗中，向分液漏斗中加 1 滴溴甲酚绿溶液，按校准曲线中步骤开始测量吸光度 A_w。

（2）取 200 mL 无铅纯水测定分析空白吸光度 A_b。

（3）将测得数据由 $(A_w - A_b)$ 查校准曲线得水样中铅的浓度（μg/L）。

6. 注意事项

（1）所用器皿均用 $(1+3)HNO_3$ 浸泡 1 周以上，使用前用水清洗，再用 APDC - NaDDTC 溶液荡洗，最后再用水洗净。

（2）萃取与反萃取过程中，放出溶液前须用亚沸水洗净分液漏斗出口下端的内外管壁，避免沾污。

（3）根据原子吸收分光光度计的型号，选定最佳仪器工作条件。

（4）海水样品须用全塑采水器采集，水样应及时过滤，并用 HNO_3 酸化水样至 pH 为 1~2，贮存于聚乙烯瓶中，再以聚乙烯薄膜袋包封样品瓶。

（5）试样制备和水样体积的校正见前述公式。

思考题

1. 铅与 APDC 和 DDTC 螯合的配位模式是怎样的？
2. 为什么选用 0.45 μm 的滤膜？
3. 影响实验结果的因素有哪些？

20.3 双硫腙光度法

1. 方法提要

水样中的铅在 pH 约为 9.5 的条件下与双硫腙反应，生成红色螯合物，萃取分离后，于 520 nm 波长处测量吸光度。

本法适用于污染严重的河口及近岸水体中铅的测定。样品中可能存在的干扰因素及其他金属离子，在本法规定的条件下，其影响均可消除。但当大量锡存在时会干扰测定。方法检出限为 1.4 μg/L。

2. 仪器

分光光度计

3. 试剂

无铅水 将普通蒸馏水以 100~200 mL/min 流速经活化的阳离子交换柱，贮存于聚乙烯瓶中。

检验方法：量取约 50 mL 水于锥形瓶中，加入 5 滴百里酚蓝指示剂滴加 (1+1) $NH_3·H_2O$ 至溶液呈蓝绿色，加入 1 滴 100 g/L KCN 溶液及 5 mL 透光率为 70% 的双硫腙使用液，振荡 2 min。分层后若有机相无明显红色，则表明此水可用，否则必须重新处理。

百里酚蓝指示剂（1 g/L） 称取 100 mg 百里酚蓝溶于 100 mL 乙醇中，贮存于棕色滴瓶中。

氨水（1+1） 若 $NH_3 \cdot H_2O$ 不纯，按下法精制：量取 500 mL $NH_3 \cdot H_2O$ 倒入除湿器中，另取 500 mL 无铅水分别盛于 3 个蒸发皿中并置于除湿器隔板上，盖严除湿器，进行等温扩散，室温下放置 48 h，收集合并蒸发器皿中 $NH_3 \cdot H_2O$ 贮存于聚乙烯瓶中。

盐酸（HCl）

四氯化碳

氰化钾溶液（100 g/L） 称取 10 g KCN 溶于水中（预先加少量 $NH_3 \cdot H_2O$ 使溶液呈碱性），并稀释至 100 mL，贮存于试剂瓶中。（注意：氰化钾剧毒！）

柠檬酸三铵溶液（500 g/L） 称取 50 g 柠檬酸三铵溶于无铅水中，并用水稀释至 100 mL，贮存于聚乙烯瓶中。此液需提纯，方法同盐酸羟胺溶液的提纯。

盐酸羟胺溶液（100 g/L） 称取 10 g 盐酸羟胺溶于水中，稀释至 100 mL。如需提纯，方法如下：移盐酸羟胺溶液于分液漏斗中，加入 2 滴百里酚蓝指示液，滴加 $NH_3 \cdot H_2O$ 至溶液呈蓝绿色。每次用 10 mL 双硫腙使用液提取，直至有机相无明显红色，弃去有机相，于水相中滴加（1+1）HCl 使之呈酸性，然后加入 CCl_4（每次 10 mL）洗除残余的双硫腙，直至 CCl_4 层无色为止，将此液贮存于棕色试剂瓶中。

铅标准储备溶液 $[\rho(Pb)=1.00 \text{ mg/mL}]$ 称取 1.599 g $Pb(NO_3)_2$ 于烧杯中，用少量无铅水溶解后，移入 1000 mL 容量瓶中，加入 10.0 mL HNO_3，加无铅水稀释至标线，混匀。

铅标准溶液 $[\rho(Pb)=4.00 \text{ μg/mL}]$ 移取 1.00 mL 铅标准储备溶液于 250 mL 容量瓶中，加无铅水稀释至标线，混匀。需当天配置。

双硫腙–四氯化碳溶液

双硫腙储备溶液（500 mg/L） 提纯精制详见 P64。

双硫腙使用液（T=70%） 同 P64–65。

4. 标准曲线

取 6 支 250 mL 的分液漏斗，各加入 150 mL 无铅水，再分别移入 0.00 mL、0.25 mL、0.50 mL、1.00 mL、1.50 mL、2.00 mL 铅标准溶液（4.00 μg/mL），混匀。

各加入 1.0 mL 柠檬酸三铵溶液（500 g/L）、1.0 mL 盐酸羟胺溶液（100 g/L）和 5 滴百里酚蓝指示剂，混匀。

滴加（1+1）NH_4OH 至溶液刚好呈蓝绿色为止。

各加入 1.0 mL 100 g/L KCN 溶液，混匀。

各加入 10.0 mL 双硫腙使用溶液，塞好塞子，振荡 2 min，静置分层。

将空心滤纸卷[先经(1+1)HNO_3 溶液浸泡过夜，再用去离子水洗净，烘干]塞入分液漏斗颈管内，弃去初滤液数滴。将萃取液放入 1 cm 比色皿中，以 CCl_4 为参比，于 520 nm 波长处测量吸光度 A_0（标准空白）和 A_i，以吸光度 $A_i - A_0$ 为纵坐标，相应的铅的质量（μg）为横坐标，绘制标准曲线。

5. 分析步骤

量取 150 mL 海水样于 250 mL 分液漏斗中，各加入 1.0 mL 500 g/L 柠檬酸三铵溶液、1.0 mL 100 g/L 盐酸羟胺溶液和 5 滴百里酚蓝指示剂，混匀。按标准曲线中步骤开始测量吸光度 A_w。同时测定分析空白值 A_b。由 $(A_w - A_b)$ 值从标准曲线上查得铅量，按公式计算水样中铅的浓度（μg/L）。

6. 注意事项

（1）KCN 系剧毒试剂，操作务必十分小心，所有含氰化物的废液应加适量的 100 g/L $Na_2S_2O_3$ 溶液和 200 g/L $FeSO_4$ 溶液处理后方可排弃。

（2）本法测定所用玻璃器皿应专用，每次使用前均用 $(1+3)HNO_3$ 浸泡 24 h 以上，再用去离子水冲洗干净。

（3）按测定汞的公式进行水样体积校正。

思考题

1. 如何消除样品中的干扰因素？
2. 百里酚蓝指示剂的变色范围是多少？
3. 为什么所有含氰化物的废液需用 $Na_2S_2O_3$ 溶液和 $FeSO_4$ 溶液处理后才可以排弃？

实验 21　镉的测定

21.1　原子吸收光谱法

1. 方法提要

在 pH 为 4~5 条件下，海水中的镉与吡咯烷二硫代甲酸胺（APDC）和二乙氨基二硫代甲酸纳（NaDDTC）形成螯合物，经甲基异丁酮（MIBK）和环己烷混合溶液萃取分离，用硝酸溶液反萃取，于 228.8 nm 波长处测量吸光度。

本法适用于近海、河口水体中镉的测定。方法检出限为 0.09 μg/L。

2. 仪器

原子吸收光谱仪

3. 试剂

二次去离子水

硝酸

氢氧化铵

乙酸

甲基异丁酮（MIBK）-环己烷混合液　将 240 mL MIBK 和 60 mL 环己烷混合。

吡咯烷二硫代甲酸铵（APDC）-二乙氨基二硫代甲酸钠（NaDDTC）混合溶液　分别称取 APDC 和 DDTC 各 1 g 溶于 50 mL 二次去离子水，经定量滤纸过滤，用二次去离子水稀释至 100 mL。用 MIBK-环己烷混合液萃取 3 次，每次 10 mL。于冰箱中保存，1 周内有效。

乙酸铵溶液　量取乙酸并用 6 mol/L $NH_3 \cdot H_2O$ 中和至 pH=5。

镉标准储备溶液 $[\rho(Cd) = 1.00 \text{ mg/mL}]$　称取 0.5000 g 金属镉（纯度 99.99%），用 5 mL（1+1）HNO_3 加热溶解，冷却后转入 500 mL 容量瓶中，用（1+99）HNO_3 溶液稀释至标线，混匀。

镉标准溶液 $[\rho(Cd) = 10.0 \text{ μg/mL}]$　移取 1.00 mL 镉标准储备溶液于 100 mL 容量瓶中，用（1+99）HNO_3 稀释至标线，混匀。

4. 校准曲线

取 6 个 50 mL 容量瓶，分别加入 0.00 mL、0.20 mL、0.50 mL、1.00 mL、1.50 mL、2.00 mL 镉标准溶液（10.0 μg/mL），用（1+99）HNO_3 [使用前，加入少量 MIBK-环己烷混合溶液，振荡 1 min，弃去有机相] 稀释至标线，混匀，系列各点镉浓度分别为 0.00 μg/mL、40.0 μg/mL、100 μg/mL、200 μg/mL、300 μg/mL、400 μg/mL。按选定的仪器工作条件测定镉的吸光度 A_i 和 A_0。以吸光度（$A_i - A_0$）为纵坐标，镉质量浓度（μg/mL）为横坐标，绘制校准曲线。

5. 分析步骤

（1）量取 400 mL 经 0.45 μm 滤膜过滤的酸化（pH=2）海水样于 500 mL 分液漏斗中，用 6 mol/L $NH_3 \cdot H_2O$ 和（1+99）HNO_3 调 pH 至 4~5，加入 1.0 mL 乙酸铵溶液、2.0 mL APDC-DDTC 混合溶液、20 mL MIBK-环己烷混合溶液，振荡 2 min，静置分层。

（2）将下层水相转入另一 50 mL 分液漏斗中，加入 0.50 mL APDC-DDTC 混合溶液、10 mL MIBK-环己烷混合溶液，振荡 2 min，静置分层，弃去水相，将第二次萃取液并入第一次萃取的有机相中。

（3）加 10 mL 二次去离子水洗涤有机相，静置约 5 min，仔细弃尽水相。

（4）加入 0.40 mL HNO_3，振荡 1 min，继续加入 9.6 mL 二次去离子水，再振荡 1 min，静置分层，收集下层 HNO_3 萃取液于 10 mL 聚乙烯瓶中（此为反萃取液），按绘制校准曲线的仪器工作条件测量吸光度 A_w，同时测定分析空白吸光度 A_b。由 ($A_w - A_b$) 查校准曲线得反萃取液中镉的浓度 ρ'_{Cd}，参照 P72 公式计算水样中镉的质量浓度 （μg/L）。

6. 注意事项

（1）器皿均须用 (1+3) HNO_3 浸泡 24 h 以上，使用前用二次去离子水洗净。

（2）所用试剂必须检查纯度后使用，不合要求的试剂应提纯。

（3）萃取与反萃取过程中，溶液放出前须用二次去离子水洗净分液漏斗出口管下端的内外壁，避免沾污。

（4）用细玻璃棒沾微量溶液测定其 pH 值时，应防止沾污。

思考题

1. 实验中为什么对所用试剂的纯度要求较高？
2. 为什么采用硝酸反萃取的方法进行分离？

21.2　石墨炉原子吸收光谱法

1. 方法原理

在 pH 为 4～5 条件下，海水中的镉与吡咯烷二硫代甲酸铵（APDC）和二乙氨基二硫代甲酸钠（NaDDTC）形成螯合物，经甲基异丁酮（MIBK）-环己烷萃取分离，硝酸溶液反萃取，于 228.8 nm 波长处测定镉的原子吸收光度。

本法适用于海水中痕量镉的测定。方法检出限为 0.01 μg/L。

2. 仪器和装置

原子吸收分光光度计（配有氘灯背景校正器和石墨炉）

3. 试剂

亚沸水　二次去离子水经石英亚沸蒸馏，流速约为 100 mL/h。

硝酸

氨水　用等温扩散法提纯。

乙酸

甲基异丁酮（MIBK）-环己烷混合溶液　将 240 mL MIBK 和 60 mL 环己烷在锥形分液漏斗中混合，加 3 mL HNO3，振荡 0.5 min，用水洗涤有机相 2 次，弃去水相，按此重复处理 3 次，最后用二次去离子水洗涤至水相 pH 为 6～7，收集有机相。

吡咯烷二硫代甲酸铵（APDC）-二乙氨基二硫代甲酸钠（NaDDTC）混合溶液　分别称取 APDC 和 NaDDTC 各 1.0 g 溶于二次去离子水中，经滤纸过滤后稀释至

100 mL。用 MIBK - 环己烷混合溶液萃取 3 次，每次 10 mL。收集的水溶液保存于冰箱中，1 周内使用有效。

乙酸铵溶液　量取 100 mL 乙酸于分液漏斗中，用 6 mol/L NH$_3$·H$_2$O 中和至 pH =5。加 2 mL APDC - NaDDTC 溶液、30 mL MIBK - 环己烷混合溶液，振荡 1 min，弃去有机相，重复萃取提纯 3 次，存于试剂瓶中。

溴甲酚绿指示溶液（1 g/L）　称取 0.1 g 溴甲酚绿溶于 100 mL（2 +8）乙醇中。

镉标准储备溶液 [ρ（Cd） = 0.100 μg/mL]　用（1 +99）硝酸逐级稀释镉标准储备溶液配制。

低镉大洋海水　经 0.45 μm 滤膜过滤，用 HNO$_3$ 酸化至 pH =2。

4. 校准曲线

分别量取 200 mL 经 0.45 μm 滤膜过滤的酸化低镉大洋海水或无镉纯水于 6 个分液漏斗中，分别加入 0 μL、25 μL、50 μL、75 μL、100 μL、200 μL 镉标准溶液（0.100 μg/mL）。系列浓度分别为 0.0000 μg/L、0.0125 μg/L、0.0250 μg/L、0.0375 μg/L、0.0500 μg/L、0.1000 μg/L。

向分液漏斗中加入 1 滴甲酚绿溶液，用 6 mol/L NH$_3$·H$_2$O 调至溶液呈蓝色（pH =5.5），加 1.0 mL 乙酸钠溶液（溶液 pH 为 4～5）、2 mL APDC - DDTC 溶液、15 mL MIBK - 环己烷混合溶液，振荡 2 min，静置分层。

将水相放入另一分液漏斗中，加 0.5 mL APDC - DDTC 溶液、1.0 mL MIBK - 环己烷混合溶液，振荡 0.5 min，分层后弃去水相。

合并有机相，用 5 mL 亚沸水洗涤，静置分层，仔细弃尽水相。

加 0.20 mL HNO$_3$ 于有机相中，振荡 1 min，继续加 4.80 mL 亚沸水，再振荡 1 min，静置分层，将 HNO$_3$ 萃取液收集于 10 mL 聚乙烯瓶中，移取 20 μL HNO$_3$ 萃取液按选定的仪器工作条件测定镉的吸光度 A_i 和 A_0（标准空白）。以吸光度（$A_i - A_0$）为纵坐标，镉浓度（μg/L）为横坐标，绘制校准曲线。

5. 分析步骤

量取 200 mL 经 0.45 μm 滤膜过滤并加酸固定的水样于分液漏斗中，按校准曲线步骤操作，量取吸光度 A_w。同时取 200 mL 无镉纯水或低镉海水测定分析空白吸光度 A_b。

由 $A_w - A_b$ 查校准曲线得水样中镉的质量浓度（μg/L）。

6. 注意事项

（1）所用器皿均用（1 +3）HNO$_3$ 浸泡 1 周以上，使用前用二次去离子水清洗，再用 APDC - NaDDTC 溶液荡洗，最后再用二次去离子水洗净。

（2）萃取与反萃取过程中，放出溶液前须用亚沸水洗净锥形分液漏斗出口下端的内外管壁，避免沾污。

（3）海水样品须用全塑采水器采集，水样应及时过滤，并用 HNO_3 酸化至 pH 为 1～2，贮存于聚乙烯瓶中，再以聚乙烯薄膜袋包封样品瓶。

思考题

1. 采用石墨炉原子吸收光谱法测定海水中镉的含量有哪些优点？
2. 乙酸铵溶液在实验过程有什么作用？
3. 在制备镉标准储备溶液时需注意什么问题？

21.3 双硫腙光度法

1. 方法提要

在碱性条件下，镉离子与双硫腙反应，生成红色螯合物，该螯合物可被四氯化碳萃取。萃取液于 518 nm 波长处进行吸光度测定。

试样中可产生氢氧化物沉淀的金属离子对本法有一定的干扰，增加酒石酸钾钠用量可被消除，当分析过程中出现絮状沉淀时，可以适量增加酒石酸钾钠的用量。

本法适用于河口及近岸污染较严重区域水中镉的分析，不适用于大洋背景值调查。方法检出限为 3.6 μg/L。

2. 仪器

分光光度计

3. 试剂

硝酸

盐酸

氢氧化铵

氢氧化钠溶液（400 g/L） 贮存于聚乙烯瓶中。

酒石酸溶液（20 g/L）

四氯化碳

酒石酸钾钠溶液（250 g/L） 称取 25 g 酒石酸钾钠溶于水中，稀释至 100 mL。此液需提纯，提纯方法为：于酒石酸钾钠溶液中滴加 400 g/L NaOH 溶液至碱性（pH＝9）。每次用约 10 mL 的双硫腙使用液Ⅱ，提取数次，至有机相无明显红色。弃去有机相，于水相中滴加 HCl 至中性。再加四氯化碳（每次 10 mL）洗除残余的双硫腙，直至四氯化碳无色为止。贮存于试剂瓶中。

盐酸羟胺溶液（200 g/L） 称取 20 g 盐酸羟胺溶于水中，稀释至 100 mL。此液须提纯，提纯方法同酒石酸钾钠溶液。

氢氧化钠－氰化钾溶液 A 称取 40 g NaOH 和 1 g KCN 溶于水中，稀释至

100 mL。贮存于聚乙烯瓶中。可以稳定1~2月（注意，剧毒！）。

氢氧化钠-氰化钾溶液 B 称取40 g NaOH和0.05 g KCN溶于水中，稀释至100 mL。贮存于聚乙烯瓶中，可以稳定1~2月（注意，剧毒！）。

镉标准储备溶液 [ρ(Cd) = 100 μg/mL] 称取0.1000 g金属镉粉（99.99%）于50 mL烧杯中，用25 mL 6 mol/L HNO_3微热溶解后，全部转入1000 mL容量瓶中。以水稀释至标线，混匀，盛于聚乙烯瓶中，置于冰箱保存。

镉标准溶液 [ρ(Cd) = 1.00 μg/mL] 量取1.00 mL镉标准储备溶液于100 mL容量瓶中，加入1 mL HCl，以水稀释至标线，混匀，临用时配制。

双硫腙-四氯化碳储备溶液 见P64。

双硫腙使用液 I （透光率T = 20%，吸光度A_2 = 0.699） 见P64-P65。

双硫腙使用液 II （透光率T = 50%，吸光度A_2 = 0.301） 见P64-P65。

4. 校准曲线

取6只125 mL的分液漏斗，各加入50 mL无镉海水（一般的外海水经陈化两个月即可），用移液管分别移入0.00 mL、0.50 mL、1.00 mL、2.00 mL、3.00 mL、5.00 mL镉标准溶液（1.00 μg/mL），混匀。

各加入10 mL（250 g/L）酒石酸钾钠溶液、1 mL（200 g/L）盐酸羟胺溶液、5 mL氢氧化钠-氰化钾溶液A，混匀（注意，剧毒！）。

各加入10 mL双硫腙使用液 I，振荡2 min，此步宜快速完成。

将有机相放入已盛有25 mL 20 g/L酒石酸溶液的相应的第二套50 mL分液漏斗中，再用2 mL CCl_4洗涤第一套分液漏斗，并入第二套分液漏斗中，重复一次。

振荡2 min，静置分层后弃去有机相。加5 mL CCl_4洗涤后弃去。

于水相中加0.25 mL 200 g/L盐酸羟胺溶液、10 mL双硫腙使用液 II、5 mL氢氧化钠-氰化钾溶液B。立即振荡1 min，静置分层。

在分液漏斗的颈管内塞入脱脂棉。将CCl_4层接入干燥的1 cm比色皿中，弃去初流液数滴，以CCl_4为参比液，于578 nm波长处，测量吸光度A_i及标准空白吸光度A_0，绘制校准曲线。

5. 分析步骤

取50 mL海水样，加0.25 mL盐酸羟胺溶液（200 g/L）、10 mL双硫腙使用液 II、5 mL氢氧化钠-氰化钾溶液B，以下步骤同校准曲线，测量吸光度A_w，同时测定分析空白值A_b。由$A_w - A_b$值从校准曲线上查得海水样中镉量，海水样中镉浓度的计算参见测汞公式。

6. 注意事项

（1）KCN系剧毒试剂，使用时务必十分小心。所有含KCN的废液，应加适量100 g/L $Na_2S_2O_3$溶液和300 g/L $FeSO_4$溶液处理后才能废弃。

(2) 试样制备。海水样须用全塑采水器采集，水样应及时经 0.45 μm 滤膜（预先在 0.5 mol HCl 中浸泡 12 h，用纯水冲洗至中性，密封待用）过滤，并用 HNO_3 酸化至 pH 为 1~2，贮存于聚乙烯瓶中，再以聚乙烯薄膜袋包封样品瓶。

(3) 量取测定水样之前向水样加入的试剂溶液超过 1% 体积时，按测汞公式进行体积校正。

思考题

1. 在用双硫腙络合镉的时，需注意什么方面的条件？
2. 在镉与双硫腙的显色反应中，酒石酸钾钠有什么作用？
3. 实验操作中应注意哪些问题？

实验 22 锌的测定

22.1 原子吸收光谱法

1. 方法原理

在弱酸性（pH 为 3.5~4.0）条件下，锌与吡咯烷二硫代甲酸铵（APDC）及二乙氨基二硫代甲酸钠（NaDDTC）形成螯合物，经甲基异丁酮（MIBK）萃取富集分离后，有机相中的锌在乙炔-空气火焰中被原子化。在其特征吸收波长处测定原子吸光度。

本方法适合于海水中痕量锌的测定。方法检出限为 3.1 μg/L。

2. 仪器

原子吸收光谱仪

3. 试剂

硝酸

盐酸

氨水 经等温扩散法提纯。

二甲基黄指示剂（0.5 g/L） 称取 0.05 g 二甲基黄溶于 100 mL 乙醇溶液中，混匀，过滤后使用。

乙酸铵溶液 量取 57 mL 冰乙酸于 200 mL 水中，加 3 滴二甲基黄指示剂溶液，用 6 mol/L $NH_3 \cdot H_2O$，调节溶液恰呈橙黄色（pH=4），加水稀释至 1000 mL。

甲基异丁基酮（MIBK）

配位剂混合溶液 分别称取吡咯烷基二硫代甲酸铵（APDC）及二乙氨基二硫代甲酸钠（NaDDTC）各 0.25 g 溶于 50 mL 水中，用定量滤纸过滤后与 50 mL 乙酸铵溶液混合，用甲基异丁基酮提纯 2 次，每次 10 mL。水相盛于试剂瓶中（当日配制）。

锌标准储备溶液 $[\rho(Zn) = 1.00 \text{ mg/mL}]$ 称取 0.2000 g 光谱纯金属锌。用 5 mL 6 mol/L HNO_3 溶解后，全部移入 200 mL 容量瓶中，加水至标线，混匀。

锌标准溶液 $[\rho(Zn) = 2.00 \text{ μg/mL}]$ 用（1+99）HCl 逐级稀释锌标准储备溶液配制，可稳定 1 周。

4. 校准曲线

向 6 个 25 mL 具塞比色管中分别加入 0.00 mL、0.20 mL、0.40 mL、0.60 mL、0.80 mL、1.00 mL 锌标准溶液（2.00 μg/mL），加水稀释至 20 mL，混匀。

各加 1 滴 0.5 g/L 二甲基黄指示剂溶液，混匀。用 6 mol/L $NH_3 \cdot H_2O$ 调溶液恰好呈橙黄色（pH=4）。

各加 2 mL APDC-DDTC-乙酸铵配位剂混合溶液，混匀。

各加 3.0 mL 甲基异丁基酮（MIBK），塞紧塞子，强烈振荡萃取 2 min，静置分层。

以甲基异丁基酮（MIBK）调零，按仪器测定条件测定锌的吸光度 A_i 和 A_0。以吸光度（$A_i - A_0$）为纵坐标，相应的锌量（μg）为横坐标，绘制校准曲线。

5. 分析步骤

量取 20 mL 海水样于 25 mL 具塞比色试管中，加 1 滴 0.5 g/L 二甲基黄指示剂溶液，混匀。用 6 mol/L $NH_3 \cdot H_2O$ 调溶液恰好呈橙黄色（pH=4），按校准曲线步骤测量吸光度 A_w。

量取 20 mL 水，按同样步骤测定分析空白值 A_b。

由吸光度（$A_w - A_b$）值从校准曲线上查得海水样中锌量，海水样中锌浓度的计算参见 P62 公式。

6. 注意事项

（1）本法测定所用器皿必须用（1+1）HNO_3 浸泡 12 h 以上，再用水洗净。

（2）试样制备。海水样品须用全塑采水器采集，水样应及时经 0.45 μm 滤膜过滤，并 HNO_3 用酸化至 pH 为 1~2，贮存于聚乙烯瓶中，再以聚乙烯薄膜袋包封水样瓶。

（3）水样体积的校正。在量取测定水样之前向水样加入的试剂溶剂超过 1% 体积时，按测汞公式进行体积校正。

思考题

1. 锌与 APDC 及 NaDDTC 形成螯合物的特征吸收波长为多少？

2. 实验中引入误差的操作有哪些?

3. 配位剂混合溶液中为什么要加入乙酸铵?

22.2 双硫腙光度法

1. 方法提要

锌离子在 pH 值为 5 的条件下，与双硫腙反应生成红色螯合物。经四氯化碳萃取后，于 538 nm 处波长测量吸光度，干扰离子在给定的 pH 下加入硫代硫酸钠掩蔽剂予以消除。

本法适用于河口及海水中锌的测定。方法检出限为 1.9 μg/L。

2. 仪器

分光光度计

3. 试剂

硝酸

盐酸

氢氧化铵

硫酸

四氯化碳　提纯方法（必要时）：对新开封的溶剂可进行简单的处理，即每升溶剂中加 200 mL 5 g/L 盐酸羟胺溶液，于分液漏斗中振荡洗涤弃去水相，再用纯水洗涤一次，经干燥过的滤纸过滤即可。若为回收的废溶剂或经上述方法处理后仍不合格者，改用下法处理：将溶剂倒入蒸馏瓶至半满，加适量 Na_2SO_3 溶液（100 g/L）覆于上层，进行第一次蒸馏，再移入另一清洁的蒸馏瓶中，加入固体 CaO 进行第二次蒸馏，弃去初馏液少许，接取馏液，贮存于棕色瓶中。若溶剂为氯仿，可加 1% 体积的无水乙醇，增加其稳定性。

硫代硫酸钠溶液（50 g/L）　称取 25 g $Na_2S_2O_3 \cdot 5H_2O$（优级纯）于 500 mL 烧杯中，加水溶解并稀释至 500 mL，贮存于试剂瓶中。

双硫腙 - 四氯化碳储备溶液　见 P64。

双硫腙 - 四氯化碳使用溶液　$T=50\%$，吸光度 $A_2 = 0.301$，见 P64 - P65。

乙酸 - 乙酸钠缓冲溶液　称取 136 g 乙酸钠（$NaAc \cdot 3H_2O$）于 500 mL 烧杯中，用 400 mL 水溶解，加 60 mL 乙酸，混匀，移入 500 mL 锥形分液漏斗中，每次用 10 mL 双硫腙 - 四氯化碳使用溶液萃取，直至 CCl_4 保持绿色为止，加 20 mL CCl_4 洗除水溶液中残留的双硫腙，弃去有机相，加水稀释至 500 mL，贮存于聚乙烯瓶中。

锌标准储备溶液 [$\rho(Zn) = 0.10$ mg/mL]　称取 0.1000 g 金属锌（99.9% 以上）于 50 mL 烧杯中，用 10 mL 3 mol/L H_2SO_4 溶解后，全部移入 1000 mL 容量瓶中，加

水至标线，混匀。

锌标准工作溶液 [$\rho(Zn) = 1.00$ μg/mL]　称取 1.00 mL 锌标准储备溶液于 100 mL 容量瓶中，加水至标线，混匀。此溶液使用前配制，当日有效。

4. 标准曲线

取 6 支 250 mL 分液漏斗，各加入 100 mL 去离子水。分别移入 0.00 mL、1.00 mL、2.00 mL、3.00 mL、4.00 mL、5.00 mL 锌标准溶液，混匀。

分别加入 5 mL 乙酸 - 乙酸钠缓冲溶液，混匀。再移入 0.5 mL 50 g/L $Na_2S_2O_3$ 溶液，混匀。各加入 10.0 mL 双硫腙 - 四氯化碳使用溶液，强烈振荡 4 min，静置分层。

用滤纸 [先经 (1+1) HNO_3 浸泡过夜，再用去离子水洗净并晾干] 吸干分液漏斗管颈内壁水分，并塞入滤纸卷，将有机相放入 1 cm 比色皿中，用 CCl_4 调零，于 538 nm 波长处测量吸光度 A_0 和 A_i。以吸光度（$A_i - A_0$）为纵坐标。相应的锌质量（μg）为横坐标，绘制标准曲线。

5. 分析步骤

量取 2 份 100 mL 去离子水（分析空白）和 2 份 100 mL 海水样，分别移入 250 mL 分液漏斗中。按标准曲线步骤测定水样吸光度 A_w，分析空白吸光度 A_b。由（$A_w - A_b$）值从标准曲线上查得海水样中锌含量，海水样中锌浓度的计算参见测定汞的公式。

6. 注意事项

（1）本实验用器皿应专用，预先用 (1+1) HNO_3 浸泡 24 h 以上，浸泡后用去离子水洗净。

（2）测量吸光度应在 1 h 内完成，萃取液和双硫腙使用液避免阳光直接照射。

（3）四氯化碳有毒，操作时要在通风橱内进行或在通风良好的条件下进行。

（4）按测定汞的相关公式进行体积校正。

思考题

1. 硫代硫酸钠掩蔽剂可以消除哪些干扰离子？
2. 阳光会对萃取液和双硫腙使用液造成什么影响？
3. 测定吸光度时什么选用 CCl_4 调零？选用其他溶液可以吗？

实验 23　总铬的测定

23.1　二苯碳酰二肼光度法

1. 方法提要

海水中六价铬在酸性条件下,用亚硫酸钠还原为三价铬,以氢氧化铁共沉淀富集。沉淀物溶于酸中,在一定酸度下,用高锰酸钾将三价铬氧化为六价铬,分离铁后,六价铬离子与二苯氨基脲生成紫红色配合物,于540 nm 波长处测量吸光度。

本法可用于河口和近岸海水总铬的测定。方法检出限为 0.3 μg/L。

2. 仪器

分光光度计

3. 试剂

盐酸

硫酸

氢氧化铵

乙醇

亚硫酸钠溶液（30 g/L）　称取 3 g Na_2SO_3 溶于水,并稀释至 100 mL,混匀。

硫酸铁铵溶液　称取 17.2 g 硫酸铁铵 [$NH_4Fe(SO_4)_2 \cdot 12H_2O$] 于烧杯中,加 5 mL [$c(1/2H_2SO_4) = 4$ mol/L] 硫酸溶解,再加水至 100 mL,混匀。

氢氧化钠溶液（400 g/L）　称取 40 g NaOH 溶于水中,并稀释至 100 mL。

高锰酸钾溶液（50 g/L）　称取 5 g $KMnO_4$ 溶于热水中,并稀释至 100 mL。

高锰酸钾溶液（10 g/L）　量取 5 mL $KMnO_4$ 溶液（50 g/L）于 25 mL 滴瓶中,加 20 mL 水,混匀。

二苯氨基脲（二苯碳酰二胺）溶液（2.5 g/L）　称取 0.25 g 二苯氨基脲,用少量丙酮溶解,然后用（1+1）丙酮溶液稀释至 100 mL,盛入棕色瓶,置冰箱中保存。

铬标准储备溶液 [$\rho(Cr) = 0.10$ mg/mL]　称取 0.2829 g $K_2Cr_2O_7$（预先在 105～110℃烘干 2 h,优级纯）,用少量水溶解,全部移入 1000 mL 容量瓶中,加水至标线,混匀。

铬标准溶液 [$\rho(Cr) = 0.10$ μg/mL]　称取 5.00 mL 铬标准储备溶液于 250 mL 容量瓶中,用水稀释至标线,混匀。

低铬海水　尽可能采用大洋海水。

4. 校准曲线

取 6 个 1000 mL 分液漏斗，各加入 500 mL 低铬海水，再加入 0.00 mL、0.50 mL、1.50 mL、2.50 mL、3.50 mL、5.00 mL 铬标准溶液。

加入 3 mL 30 g/L Na_2SO_3 溶液，混匀，再加入 5 mL HCl，10 min 内依次轮流摇动。滴加 10 g/L $KMnO_4$ 溶液至出现稳定的微红色，加 1 滴 30 g/L Na_2SO_3 溶液使红色消失。加 1 mL $NH_4Fe(SO_4)_2$ 溶液，混匀。在不断的摇动下，加入 5 mL NH_4OH，此时 pH 为 8 左右，剧烈振摇半分钟，静置至沉淀凝聚于分液漏斗底部。

打开分液漏斗活塞，将沉淀全部放入 150 mL 烧杯中（沉淀物和所带母液的总体积不超过 50 mL），加 1 mL(1+1)HCl，加热溶液并浓缩至 30 mL 左右。

滴加 400 g/L NaOH 溶液至刚出现沉淀，滴加（1+1）HCl 使沉淀溶解并调至 pH=1，加 5 mL 50 g/L $KMnO_4$ 溶液，在电热板沙浴上（90℃左右）加热 15 min。氧化过程中，若试样溶液红色消失，应补加 50 g/L $KMnO_4$ 溶液保持红色。

滴加 400 g/L NaOH 溶液调至 pH 为 8，加 2 mL 乙醇，在不断搅拌下煮沸 2 min，趁热用中速定量滤纸将试样溶液过滤于 50 mL 比色管中，用热水洗涤沉淀和烧杯内壁，洗涤液合并于比色管中。

滴加 H_2SO_4 [$c(1/2H_2SO_4)$ = 4 mol/L] 于比色管中，使试样溶液呈中性后，再多加 2.5 mL。冷至室温，加 1 mL 二苯氨基脲溶液（2.5 g/L），立即加水稀释至标线并混匀。静置显色 10 min。

用 3 cm 比色皿，以水为参比，于 540 nm 波长处测量吸光度 A_0（标准空白）和 A_i，以吸光度（$A_i - A_0$）为纵坐标，相应的铬含量（μg）为横坐标，并绘制校准曲线。

5. 分析步骤

取 1000 mL 待测海水样，加入 3 mL 30 g/L Na_2SO_3 溶液，混匀，再加入 5 mL HCl，10 min 内依次轮流摇动，以下按校准曲线中步骤［其中 2、3 步骤中加入 HCl、NH_4OH 的量均为 10 mL］待测试液的吸光度 A_w。同时取 50 mL 水于 150 mL 烧杯中，按试样测定步骤（沉淀后，不需放置和分离）测定分析空白吸光度 A_b。以（$A_w - A_b$）查校准曲线得铬量，海水样中锌浓度的计算参见测定汞的公式。

6. 注意事项

（1）所用器皿先用洗涤剂洗净，再用（1+3）HNO_3 浸泡 2～3 d，不得使用 $K_2Cr_2O_7$ 洗液，以免沾污。

（2）六价铬与二苯氨基脲生成的配合物的稳定性随温度增加而降低，一般应在 2 h 内测定完毕，温度高于 30℃时，应在半小时内完成测定。

（3）二苯氨基脲丙酮溶液变黄或浑浊时，应重配。

（4）试样制备。海水样品用玻璃或塑料采集器采集，用 0.45 μm 滤膜（滤膜预先在 0.5 mol/L HCl 中浸 12 h，用纯水冲洗至中性，密封待用）过滤，加 H_2SO_4 至 pH<2，可贮存于硬质玻璃瓶中，保存温度 4℃，密封保存可保存 20 d。

（5）水样体积的校正。在量取测定水样之前向水样加入的试剂溶液超过 1% 体积时，按测定汞的相关公式进行体积校正。

思考题

1. 实验过程中有哪些干扰离子？如何消除？
2. 二苯氨基脲保存时应注意什么条件？
3. 氧化过程中为什么要保持试样溶液为红色？

23.2　石墨炉原子吸收光谱法

1. 方法提要

在 pH 为（3.8±0.2）的条件下，低价态铬被高锰酸钾氧化后，同二乙氨基二硫代甲酸钠（NaDDTC）螯合，用甲基异丁酮（MIBK）萃取，于铬的特征吸收波长处测定原子吸光度。

本方法适合于海水中痕量总铬的测定。方法检出限为 0.4 μg/L。

2. 仪器和装置

具有石墨炉原子化器的原子吸收光谱仪

配 20 μL 进样泵的自动进样器或 20 μL 精密微量移液器

3. 试剂

甲基异丁酮（MIBK）

缓冲溶液　称取 50.1 g 邻苯二甲酸氢钾（优级纯）溶于水中，加入 7 mL 1 mol/L HCl 并用水稀释至 500 mL，最后用 HCl 或 $NH_3 \cdot H_2O$ 调 pH 为（3.8±0.2）。

二乙氨基二硫代甲酸钠（NaDDTC）溶液（20 g/L）　根据当天用量，称取适量 NaDDTC 加水溶成 20 g/L 溶液，临用时现配，用定性滤纸滤去浮沫。

高锰酸钾溶液（10 g/L）　称取 1 g $KMnO_4$（优级纯）溶于水并稀释至 100 mL。

二甲基黄乙醇溶液（10 g/L）　称取 1 g 二甲基黄溶于（95+5）乙醇并稀释至 100 mL。

铬标准储备溶液 [ρ(Cr)=1.00 mg/mL]　称取 0.2829 g $K_2Cr_2O_7$（99.99%）溶于水中，全部转入 100 mL 容量瓶中，加入 1 mL HNO_3 并用水稀释至标线。

铬标准溶液 [ρ(Cr)=0.0200 μg/mL]　用（1+99）HNO_3 逐级稀释铬标准储备溶液配制。

4. 校准曲线

取 6 支 25 mL 具塞比色管，分别加入 0.00 mL、1.00 mL、2.00 mL、3.00 mL、4.00 mL、5.00 mL 铬标准溶液（20.0 μg/L），用水稀释至 10 mL，此标准系列各点含铬浓度分别为 0.00 μg/L、2.00 μg/L、4.00 μg/L、6.00 μg/L、8.00 μg/L、10.00 μg/L。

加 1 滴二甲基黄指示液（10 g/L），用稀 $NH_3 \cdot H_2O$ 或稀 HCl 调 pH，使溶液呈浅橙色。

加 1 滴 $KMnO_4$ 溶液（10 g/L），在水浴上加热 10 min [控制温度在（70 ± 5）℃]，溶液保持微紫色。

加入 1 mL 邻苯二甲酸氢钾缓冲溶液和 1 mL NaDDTC 溶液（20 g/L），混匀。

加 1.50 mL MIBK 萃取 2 min，静置分层，移取一定体积有机相注入石墨炉，按仪器工作条件测量吸光度 A_i 和 A_0。以测得的吸光度（$A_i - A_0$）为纵坐标，以相应铬的浓度（μg/L）为横坐标绘制校准曲线。

5. 分析步骤

移取 10.0 mL 海水样于 25 mL 具塞比色管中，加 1 滴二甲基黄指示液，用稀 $NH_3 \cdot H_2O$ 或稀 HCl 调 pH，使溶液呈浅橙色。以下按校准步骤测定试液吸光度 A_w。由（$A_w - A_b$）值于校准曲线上查得海水样中的含铬浓度（μg/L）。

6. 注意事项

（1）本方法关键是控制 pH 范围，因此在调 pH 接近浅橙色时，必须用很稀的（1 + 500）$NH_3 \cdot H_2O$，仔细调。

（2）当水样中铬的含量很低时，取水样量可增加到 20 mL，进入石墨炉的有机相可增加到 50 μL。

（3）不同型号仪器可自选最佳条件。

（4）水样的萃取体积和进样体积应与标准系列分析时完全一致。

（5）试样制备。海水样品用玻璃或全塑采水器采集，经 0.45 μm 滤膜滤膜（预先在 0.5 mol/L HCl 中浸泡 12 h，用纯水冲洗至中性，密封待用）过滤，加 H_2SO_4 至 pH < 2，可贮存于硬质玻璃瓶中密封保存，保存温度为 4℃，可保存 20 d。

（6）水样体积的校正。在量取测定水样之前向水样加入的试剂溶液超过 1% 体积时，按测定汞的相关公式进行体积校正。

思考题

1. 影响实验结果准确性的因素有哪些？
2. 实验过程中可以不使用缓冲溶液吗？为什么？
3. 加入高锰酸钾溶液后为什么要进行加热？

实验 24　砷的测定

24.1　砷化氢–硝酸银光度法

1. 方法原理

在弱酸性条件下，砷（Ⅴ）经抗坏血酸预还原成砷（Ⅲ），然后用硼氢化钾还原砷（Ⅲ）为砷化氢，经硝酸银–聚乙烯醇吸收液吸收，银离子被砷化氢还原成黄色胶体银，在特征吸收波长 406 nm 处测量吸光度。

本法适用于各类海水及地面水中砷的测定。检出限为 0.4 $\mu g/L$。

2. 仪器和装置

分光光度计

压片机　400 Mpa，压片直径 1.3 cm。

砷化氢发生–吸收装置（图 24.1）。

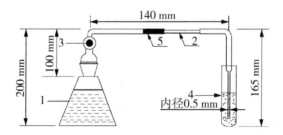

1—205 mL 锥瓶；2—乳胶管；3—乙配铅棉花；4—吸收管；5—二甲基甲酰胺

图 24.1　砷化氢发生–吸收装置

3. 试剂

硫酸

硝酸

无水乙醇

硝酸–硝酸银溶液　称取 4.07 g $AgNO_3$ 于 100 mL 烧杯中，用 60 mL 水溶解后，全部移入 500 mL 容量瓶，加入 10 mL HNO_3，加水稀释至标线，混匀。

聚乙烯醇溶液（2.5 g/L）　称取 0.5 g 聚乙烯醇（PVA–200）于 300 mL 烧杯中，加入 200 mL 水，搅拌并加热至沸。待完全溶解后，盖上表面皿保温 5～10 min，冷却后转入广口瓶中，贮存于冰箱。可使用 1 周。

吸收液 将硝酸-硝酸银溶液、2.5 g/L 聚乙烯醇溶液和无水乙醇以（1+1+25）体积比混合（先将 HNO_3-AgNO_3 和 PVA 溶液混匀后，再加入乙醇），当日配制。

N、N'-二甲基酰胺（DMF）溶液 45 mL DMF（化学纯）和 5.0 mL 乙醇胺（化学纯）混合，贮存于 60 mL 棕色滴瓶，可保存约 1 个月。

乙酸铅棉花 称取 10 g 乙酸铅 $[Pb(Ac)_2·3H_2O]$ 溶于 100 mL 乙酸溶液 $[c(CH_3COOH)=1\ mol/L]$ 中，将 8~10 g 脱脂棉在上述溶液中浸泡 1 h，取出晾干备用。

氢氧化钠溶液（100 g/L）

抗坏血酸溶液（100 g/L） 贮存于棕色试剂瓶中。

硼氢化钾片剂 称取在玛瑙研钵中研细的硼氢化钾（KBH_4），在压片机上压制成片，每片 1.0 g。

砷标准储备溶液 $[\rho(As)=1.00\ mg/mL]$ 称取 0.1320 g As_2O_3（注意，剧毒！经 105℃ 烘干 2 h，置于干燥器中保存）于 25 mL 烧杯中，用 10 mL 1 mol/L NaOH 溶液（优级纯）溶解后，加入 10 mL 1 mol/L H_2SO_4，全部移入 100 mL 容量瓶中，加水稀释至标线，混匀。

砷标准溶液 $[\rho(As)=1.00\ \mu g/mL]$ 用水逐级稀释砷标准储备溶液配制。

中性红指示液（1 g/L） 称取 0.05 g 中性红指示剂溶于 50 mL 水中，贮存于试剂瓶中。

4. 校准曲线

在 6 个 250 mL 锥形瓶中，各加入 200 mL 纯水后分别加入 0.00 mL、0.50 mL、1.00 mL、1.50 mL、2.00 mL、2.50 mL 砷标准溶液。各加入 2.5 mL 抗坏血酸溶液和 2.5 mL H_2SO_4，混匀。放置约 2 h。

吸收管内加入 5.0 mL 吸收液，如图 24.1 接好反应装置。加入 1 粒 KBH_4 片剂，立即塞紧塞子，待反应完全（需 20~30 min）。拆下导气管，插入 4 mol/L HNO_3 洗液浸泡。

用 1 cm 比色皿，以吸收液作参比，于 406 nm 处测量吸光度 A_i 和 A_0。

以吸光度 (A_i-A_0) 为纵坐标，相应的砷量（μg）为横坐标，绘制校准曲线。

5. 分析步骤

量取 200 mL 海水样于 250 mL 锥形瓶中，滴加几滴中性红指示液，用 100 g/L NaOH 溶液或 H_2SO_4 调至刚好变红。

各加入 2.5 mL 抗坏血酸溶液和 2.5 mL 3 mol/L H_2SO_4，混匀。放置约 2 h。以下按校准曲线步骤测量吸光度 A_w。同时测定分析空白吸光度 A_b。由 (A_w-A_b) 值从校准曲线上查得水样砷量，海水样中砷浓度的计算参见测定汞的相关公式。

6. 注意事项

（1）N、N'-二甲基酰胺（DMF）装填时，先在导管中装入脱脂棉（不要过紧），约滴入 0.25 mL DMF 溶液。DMF 棉明显变红时就应调换。

（2）吸收管和导气管用前烘干。

（3）室温高时，易造成吸收不完全，反应温度最好控制在 28℃ 以下，吸收温度最好低于 20℃。夏天应将吸收管置于水中控温（15～20℃），可将几支吸收管插入试管架，然后将试管架放入冷水中，再按图 24.1 装好反应装置。

（4）导气管出口离开吸收管底部的距离约 0.5 mm。一批水样测定时，该距离应该尽量保持一致，以免影响测定精度。

（5）吸收液高度对测定结果有影响，应选用内径一致的 10 mL 比色管作吸收管。

（6）投入 KBH_4 片剂后，迅速塞紧塞子，可在塞子边缘采用水封法检漏。反应过程中应不时摇动反应瓶，至反应完全。

（7）试样制备。海水样品用玻璃或塑料采样器采集，水样应及时经 0.45 μm 滤膜（滤膜应预先在 0.5 mol/L HCl 中浸泡 12 h，用纯水冲洗至中性，密封待用）过滤，并用 H_2SO_4 酸化至 pH<2，贮存于聚乙烯塑料瓶或硬质玻璃瓶中，再以聚乙烯薄膜包封样品瓶。

（8）水样体积的校正。在量取测定水样之前向水样加入的试剂溶液超过 1% 体积时，按测定汞的相关公式进行体积校正。

思考题

1. 海水及地面水中的砷对人体有什么危害？
2. 实验过程中有哪些干扰因素？如何消除？
3. 实验中，抗坏血酸溶液有什么作用？

24.2 氢化物原子吸收光谱法

1. 方法原理

在酸性介质中，以硼氢化钾将砷（Ⅲ）转化为砷化氢气体，由载气将其导入原子化器，分解生成原子态砷，在其特征吸收波长处测定原子吸光度。

本法适用于大洋、近岸、河口水中无机砷的测定。方法检出限为 0.06 μg/L。

2. 仪器和装置

原子吸收光谱仪　带氢化物原子化装置。

布氏漏斗　瓷制，Φ60mm。所用器皿均需用 (1+6) HNO_3 浸泡 2 h 以上，用纯水冲洗 5 次以上方可使用。

氢化物发生装置 如图24.2所示。

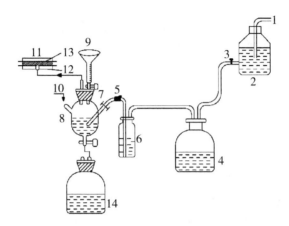

1—马里奥特管；2—水槽；3—阀门；4—接水瓶；5—流速控制器；6—KBH$_4$；7—弹簧夹；8—反应瓶；
9—进液漏斗；10—N$_2$ 或 Ar 进口；11—吸收池；12—电炉丝；13—耐火砖；14—废液瓶

图24.2 氢化物发生装置

3. 试剂

硫脲

抗坏血酸

硼氢化钾

硫酸

盐酸

氢氧化钠溶液（10 g/L）贮存于聚乙烯瓶。

混合还原剂 称取5.0 g 硫脲和3.0 g 抗坏血酸，以水溶解，加水稀释至100 mL。当天配用。

硼氢化钾（钠）溶液（15 g/L） 称取15 g KBH$_4$，加100 mL 10 g/L NaOH 溶解，加水稀释至1000 mL，经双层定性滤纸抽滤后放入冰箱，可保存1周。使用时要与室温一致，改用 NaBH$_4$ 亦可。

砷标准储备溶液 [ρ(As) = 500 μg/mL] 称取0.6602 g As$_2$O$_3$（经105℃烘2 h，置于干燥器中冷却），置于50 mL烧杯中，加入20 mL（10 g/L）NaOH 溶液溶解，转入1000 mL容量瓶中。以20 mL（5+95）H$_2$SO$_4$分3次洗涤烧杯，洗涤液并入容量瓶中，加水至标线，混匀。（注意：三氧化二砷剧毒！）

砷标准溶液 [ρ(As) = 0.100 μg/mL] 用（5+95）H$_2$SO$_4$逐级稀释砷标准储备溶液。

去砷盐酸（约6 mol/L） 取600 mL HCl 置于200 mL 聚乙烯广口瓶中，加400 mL 水，通过刻度吸管从溶液底部滴入100 mL 硼氢化钾溶液，通氮气（1.5 L/min）3 min 驱赶残余 AsH_3。再重复去砷一次。

去砷盐酸海水　将 100 mL HCl 及 900 mL 海水加入 2000 mL 广口聚乙烯瓶中，通过刻度吸管从溶液底部滴入 100 mL 15 g/L KBH_4 溶液，通氮气（1.5 L/min）3 min 驱赶残余 AsH_3。再重复去砷一次。临用前在每 1000 mL 此溶液中加入 3.0 g 抗坏血酸及 5.0 g 硫脲，溶后混匀。

4. 校准曲线

仪器条件：

空心阴极灯电流　3～5 mA（因仪器和灯不同而异）。

波长　193.7 nm。

光通带　1.0 nm。

载气流速　600 mL/min。

加热电压　800 W 炉丝，145 V（注意：因外界温度和石英管新旧不同电压会有所不同，以滴入 KBH_4 时石英管两端的火焰为 1 cm 左右为宜）。

冲洗管路。

原子化器预热半小时。

调好氮气流速。

用量筒往反应瓶里加入 15 mL 去砷盐酸海水，其体积要与测定海水样品体积相同。

接通记录仪，松开弹簧夹，以 24 mL/min 流速滴加 15 g/L KBH_4 溶液。吸收峰顶刚过，夹紧弹簧夹，关闭记录仪，放掉残夜。

以上两步反复操作，直至空白值稳定（以稳定的空白值为标准液的空白值 A_0）。

往反应瓶里加入 0.100 mL 砷标准液，加入 15 mL 去砷盐酸海水。

接通记录仪，松开弹簧夹，以 24 mL/min 流速滴加（15 g/L）KBH_4 溶液。吸收峰顶刚过，夹紧弹簧夹，关闭记录仪，放掉残夜。

依次分别加入 0.00 mL、0.100 mL、0.200 mL、0.300 mL、0.400 mL、0.500 mL 砷标准溶液（0.100 μg/mL）及 15 mL 去砷盐酸海水，如上进行测定。

以测得的各峰高（$A_i - A_0$），对应 0.00 ng、10.0 ng、20.0 ng、30.0 ng、40.0 ng、50.0 ng 砷绘制校准曲线。

5. 分析步骤

（1）取海水样 73 mL 置于 200 mL 聚乙烯瓶中，加 17 mL 6 mol/L 去砷盐酸及 10 mL 混合还原剂，放置 15 min 以上，此液为海水样制备液。

（2）分取 15.0 mL 海水样制备液，放置反应瓶里（如试液含砷量高于 3 ng/mL，则取 10.0 mL，低于 0.5 ng/mL 则取 20.0 mL）。

（3）接通记录仪，松开弹簧夹，以 24 mL/min 流速滴加 15 g/L KBH_4 溶液。吸收峰顶刚过，夹紧弹簧夹，关闭记录仪，放掉残夜。测定样品的吸收峰高 A_w。与式样同时测定分析空白值 A_b。由 ($A_w - A_b$) 查校准曲线得砷量 (ng)。按下式计算海水样中砷浓度：

$$\rho_{As} = \frac{V_1}{V_2} \times \frac{m}{V_3}$$

式中：ρ_{As} 为海水样中的砷浓度，μg/L；V_1 为水样制备液体积，mL；V_2 为原水样体积，mL；V_3 为每次测定分取式样制备液体积，mL；m 为查曲线得砷量，ng。

6. 注意事项

（1）原子化器加热温度对测定结果影响极大，因此必须预热，待散热和加热达到平衡后再正式工作。
（2）加热电压要稳定。
（3）每份样品分析间隔要尽量一致。
（4）测定中间对校准曲线重校一次，检查灵敏度是否有变化。
（5）KBH_4 流速、浓度及反应液的温度，载气流速对结果均有影响，因此条件要恒定。
（6）体积校正见测定汞的相关公式.

思考题

1. 配制去砷盐酸时为什么从底部加入 KBH_4 溶液？
2. 原子化器加热温度如何影响测定结果？
3. 实验操作中应注意哪些问题？

实验 25　硒的测定

25.1　荧光光度法

1. 方法提要

水样用高氯酸－硫酸－钼酸钠消化，再用盐酸将硒（Ⅵ）还原为硒（Ⅳ）。在酸性条件加 5 mL 混合酸溶液，在沙浴中加热消化至冒浓白烟，至溶液变黄（约 2 h）。取下冷却至室温，溶液恢复为无色，用水稀释至约 10 mL。加 5 mL HCl，将烧杯放在沙浴表面加热至溶液变黄为止。取下冷却至室温。将溶液移到 50 mL 比色管中，用少量水洗净烧杯，洗液并入比色管中。加 5 mL EDTA－盐酸羟胺混合溶液、4～5 滴 0.4 g/L 甲酚红指示液，用（1+1）NH_4OH 或 0.1 mol/L HCl 调节 pH 为 1.5～2.0（粉橙色），加 3.0 mL DAN 溶液，摇匀，置沸水浴中加热 5 min 取下冷却到室温。将溶液移入 60 mL 分液漏斗中，用少量水洗涤比色管，洗液并入分液漏斗中。加 3.0 mL 环己烷，振摇 4 min，分层后弃去水相。

将环己烷层从分液漏斗倒入 1 cm 比色皿中，在荧光分光光度计上，以 376 nm 为激发波长，520 nm 为发射波长，环己烷为参比，测定硒的荧光强度 I_i 和 I_0。以荧光强度（$I_i - I_0$）为纵坐标，相应硒含量（μg）为横坐标绘制标准曲线。

2. 分析步骤

量取 5.00～50.0 mL 海水样，于 50 mL 烧杯中加 5 mL 混合酸溶液，在沙浴中加热消化至冒浓白烟，至溶液变黄（约 2 h）。以下按制定标准曲线步骤测定荧光强度 I_w。同时测定分析空白荧光强度 I_b。由（$I_w - I_b$）查标准曲线得硒量，海水样硒浓度的计算参见前述公式。

3. 注意事项

（1）配制 DAN 溶液时应在暗处进行。

（2）在沸水浴上加热 5 min 后，用冷水冷却的时间控制在 10 min 内。否则结果会偏低。

（3）甲酚红指示剂有两个变色范围，当 pH 为 2～3 时由红变黄，pH 为 7.2～8.8 时由黄变红。本方法中调制 pH 为 1.5～2.0 时呈粉橙色，pH<1.5 为桃红色。因此调 pH 时要注意颜色变化，必要时可用精密 pH 试纸确证。

（4）玻璃器皿用 HNO_3 溶液浸洗 2～3 d，洗净后使用。

（5）试样制备。海水样品用玻璃或塑料采样器采集，水样应及时经 0.45 μm 滤膜（滤膜预先在 0.5 mol/L HCl 中浸泡 12 h，用纯水冲洗至中性，密封待用）过滤，并用 HNO_3 酸化至 pH<2，储存于聚乙烯塑料瓶或硬质玻璃瓶中，再以聚乙烯薄膜袋包封样品瓶。

（6）水样体积的校正。在量取测定水样之前向水样加入的试剂溶液超过 1% 体积时，按相关公式进行体积校正。

（7）水样中硒含量低时，可增加水样体积至 50 mL，对测定无影响。

思考题

1. 湿法消化处理水样有哪些优点？
2. 实验过程中 DAN 溶液有什么作用？
3. 在沸水浴上加热 5 min 后，冷却的时间延长为什么会导致实验结果偏低？

25.2　二氨基联苯胺光度法

1. 方法原理

水样经酸性高锰酸钾消化，硒（Ⅵ）用盐酸还原为硒（Ⅳ）。在酸性条件下，硒

(Ⅳ)与3,3′-二氨基联苯胺四盐酸形成黄色配合物,在 pH 为6～8条件下用甲苯萃取,于波长420 nm 处进行光度法测定。

本方法适用于河口和海水中硒的测定。方法检出限为 0.4 μg/L。

2. 仪器和装置

分光光度计

电热板　铺上3 cm 厚细砂。

水浴锅

离心机

3. 试剂

盐酸

氢氧化铵

无水硫酸钠　500℃灼烧4 h。

活性炭　20～40目,于300℃下活化4 h。

甲苯　经活性炭吸附,滤纸过滤后使用。

高锰酸钾溶液(0.1 mol/L)　称取1.58 g $KMnO_4$ 溶于90 mL 水中,稀释至100 mL,混匀。

氢氧化钠溶液(0.1 mol/L)　称取2 g NaOH 溶于水中,稀释至500 mL,混匀。

EDTA 溶液(0.2 mol/L)　称取74 g 乙二胺四乙酸二钠盐($Na_2EDTA-2H_2O$)溶于水中,并稀释至1000 mL,混匀。

盐酸羟胺溶液(200 g/L)　称取20 g 盐酸羟胺溶于水中,并稀释至100 mL,混匀。

3,3′-二氨基联苯胺四盐酸盐溶液(DAB)(5 g/L)　称取0.5 g DAB 加水溶解,若有残渣须过滤。最后用水稀释至100 mL。当日配制。

硒标准储备溶液[$\rho(Se)=1.00$ mg/mL]　称取0.1405 g 二氧化硒(SeO_2)溶于少量水中,全部转入100 mL 容量瓶中,用0.1 mol/L HCl 稀释至标线,混匀。

硒标准溶液[$\rho(Se)=1.00$ μg/mL]　用0.1 mol/L HCl 逐级稀释硒标准储备溶液。

4. 标准曲线

取6个500 mL 平底烧瓶,分别加入0.00 mL、0.50 mL、1.00 mL、2.00 mL、3.00 mL、5.00 mL 硒标准溶液(1.00 μg/mL),加水至500 mL。

滴加 HCl 至溶液 pH 约为2.5,加3～5滴0.1 mol/L $KMnO_4$ 溶液,使溶液呈浅紫色,置于电热板上加热浓缩。加热过程中如紫色褪去,需滴加0.1 mol/L $KMnO_4$ 溶液使溶液保持浅紫色。蒸至体积减少一半时,加5 mL 0.1 mol/L NaOH 溶液,继续蒸至近干。取下冷却,加8～10 mL HCl 及10 mL 水,使溶液酸度为4～6 mol/L。置于

100℃沙浴上加热 10 min，使硒（Ⅵ）转化为硒（Ⅳ）。

将溶液转入 100 mL 锥形瓶内，用水洗涤平底烧瓶内壁。洗涤液并入锥形瓶中，加 2 mL 200 g/L 盐酸羟胺溶液、2 mL 0.2 mol/L EDTA 溶液，于酸度计上用 HCl 或 $NH_3·H_2O$ 调节溶液 pH 为 1～2，最后加水至约 50 mL。加 2 mL 5 g/L DAB，于室温下放置 1 h。用 $NH_3·H_2O$ 调节试样溶液 pH 为 6～8。

将试样溶液转入 125 mL 分液漏斗中，加 5.00 mL 甲苯振荡 1 min，静置分层后弃去水相，有机相置于离心管内离心脱水。或经无水 Na_2SO_4 脱水，将甲苯萃取液放入 3 cm 比色皿中，以甲苯调零，于 420 nm 波长处测量吸光度 A_0 和 A_i。以 $(A_i - A_0)$ 为纵坐标，相应硒含量（μg）为横坐标绘制校准曲线。

5. 分析步骤

取 500 mL 经 0.45 μm 滤膜过滤的海水样于平底烧瓶内。滴加 HCl 至溶液 pH 约为 2.5，加 3～5 滴 0.1 mol/L $KMnO_4$ 溶液，使溶液呈浅紫色，以下按绘制校准曲线步骤测量吸光度 A_w。同时测定分析空白吸光度 A_b。以 $(A_w - A_b)$ 查校准曲线得硒量。水样中硒浓度的计算参见前述相关公式。

6. 注意事项

（1）所有玻璃器皿均经 (1+1) HNO_3 浸泡 2～3 d，用自来水、去离子水洗净。
（2）DAB 在空气中和光照下易分解，需避光密封保存。
（3）蒸发浓缩海水测定样时，其温度控制在 170℃ 以下，以免盐类析出爆溅。
（4）海水样的制备与体积校准见 24.1 中步骤。

思考题

1. 水中硒主要以什么形式存在？
2. 蒸发浓缩海水测定样时，需要完全蒸干吗？为什么？
3. pH 如何影响实验结果？

实验 26 电感耦合等离子体光谱法测定海水中 10 种元素

1. 方法提要

海水样经过过滤、适当稀释并酸化后，用 ICP-AES 法测定钠、钾、钙、镁、锂、铷、锶、钡、硼、硫等元素。以钪为内标补偿高盐的基体效应。

2. 仪器

电感耦合等离子体发射光谱仪

3. 试剂

盐酸

各元素标准储备溶液 配制见表 26.1。

表 26.1 各元素标准储备溶液

测定元素	标准物质	称量/g	溶剂	体积/mL	质量浓度 /mg·mL^{-1}	备注
Na	NaCl	25.421	H_2O	1000	10.00	400~500°C 灼烧至无爆裂声
K	KCl	1.9067	H_2O	1000	1.00	400~500°C 灼烧至无爆裂声
Ca	$CaCO_3$	2.4972	稀 HCl	1000	1.00	105°C 干燥 2 h
Mg	Mg	1.0000	稀 HCl	1000	0.50	105°C 干燥 2 h
Sr	$Sr(NO_3)_2$	1.0212	H_2O	1000	0.50	105°C 干燥 2 h
Ba	$BaCl_2 \cdot 2H_2O$	0.8894	H_2O	1000	0.50	105°C 干燥 2 h
Li	Li_2CO_3	2.6615	稀 HCl	1000	0.50	105°C 干燥 2 h
Rb	RbCl	0.7075	H_2O	1000	0.50	105°C 干燥 2 h
B	H_3BO_3	2.8596	H_2O	1000	0.50	40°C 干燥 2 h
S	Na_2SO_4	4.4375	H_2O	1000	1.00	105°C 干燥 2 h

组合标准溶液 由以上标准储备溶液配制组合标准溶液，见表 26.2。

表 26.2 组合标准溶液

编号	元素	质量浓度/μg·mL^{-1}	介质
标准 1	Na	2000	$\varphi(HCl) = 5\%$
标准 2	K, Ca, Mg, Sr, Ba, Li, Rb, B	10	$\varphi(HCl) = 5\%$
标准 3	S	10	$\varphi(HCl) = 5\%$

Sc 内标浓度 [$\rho(Sc) = 100$ μg/mL] 用 Sc_2O_3（光谱纯）配制，测定时通过三通在线引入。

4. 分析步骤

取 2.00 mL 经 0.45 μm 滤膜过滤的海水样，用 (5 + 95) HCl 稀释至 10 mL。采用 ICP - AES 法测定。

以 IRIS - INTREPID 型 ICP - AES 为例的仪器工作参数见表 26.3。

表26.3 TJA–IRIS–Intrepid 型 ICP–AES 工作参数

RF 功率	1150 W	冷却气流量	15.0 L/min
辅助气流量	1.0 L	载气流量	0.5 L/min
曝光时间	短波 20 s,长波 10 s	溶液提升量	1 mL/min

各元素分析谱线波长见表26.4。

表26.4 各元素分析谱线波长

元素	波长/nm	元素	波长/nm	元素	波长/nm
Na	588.99	Sr	407.77	B	249.68
K	766.49	Ba	455.40	S	180.73
Ca	317.93	Li	670.78		
Mg	202.58	Rb	780.02		

点燃等离子炬,稳定 30 min 以上。以 (5+95) HCl 为低点,组合标准溶液为高点建立校准曲线,然后分析试样。校准和分析过程中,通过三通在线引入 Sc 内标溶液,以补偿较高含量的 Na 造成的基体效应。由计算机根据取样量和稀释倍数,给出分析结果。

思考题

1. 简述电感耦合等离子体发射光谱仪工作原理。
2. 实验过程中有哪些注意事项?
3. 本实验的关键操作是什么?

实验27 电感耦合等离子体质谱法测定海水中多种痕量元素

1. 方法提要

海水样经过滤、酸化并稀释后用 ICP–MS 直接测定 Li、Rb、Cs、Ba、Sr、Br、I、Mg、B 等元素。另取样采用共沉淀法,以氢氧化铁为捕捉剂,在 pH=5 与 pH=9 两种情况下,使多种痕量被测元素与海水中大量碱金属元素分离后,用 ICP–MS 测定 40 种痕量元素:Ga、Mo、Sb、Se、W 等 (pH=5),和 As、Be、Cd、Cr、Co、Cu、Ge、In、Mn、Ni、Pb、Sc、Sn、Th、V、Y、Zn、Zr、U、REEs 等 (pH=9)。

本方法适用于海水中多种痕量元素的测定。测定下限为 0.0X~0.X ng/mL。

2. 仪器和装置

电感耦合等离子体质谱仪

pH 计

3. 试剂

硝酸

氢氧化钠溶液（100 g/L）。

铁溶液 $[\rho(Fe^{2+}) = 1.00\ mg/mL]$

单元素标准储备溶液 被测定的痕量元素均用光谱纯金属或化合物配制成 1 mg/mL 单元素储备溶液。然后，再配制 10.0 μg/mL 的混合元素标准储备溶液，见表 27.1。

表 27.1 混合元素标准储备溶液

编号	元素	浓度/(μg·mL⁻¹)
标准 1	Ga、Mo、Sb、Se、W	10
标准 2	As、V、	10
标准 3	Be、Bi、Cd、Co、Cr、Cu、Ge、In、Mn、Ni、Pb、Sc、Sn、Th、Ti、Zn、Zr、U、	10
标准 4	REEs	10

注：介质 (1+4) HNO₃。

混合标准工作溶液 $[\rho(B) = 20.0\ ng/mL]$ 由混合元素标准储备溶液稀释配制，介质为 (5+95) HNO₃。

内标溶液 $[\rho(Rh) = 20.0\ ng/mL]$

4. 分析步骤

将待测元素分两组沉淀，即取两份 200 mL 经 0.45 μm 滤膜过滤的海水样，各加入 4 mL 1 mg/mL 铁溶液，在 pH 计上分别用 NaOH 和 HNO₃ 调节 pH 值为 5 和 9，加热保温 0.5 h，放置陈化 2~3 h。分别过滤，用滤纸片将烧杯中残余沉淀擦洗干净，并水洗沉淀 2 次，用 2~3 mL 热 (1+1) HNO₃ 溶解沉淀，用 20 mL 比色管承接，热水洗滤纸并定容 20 mL。海水中的碱金属、碱土金属及氯等均被分离掉。在 pH = 9 条件下富集的元素为：砷、铍、铋、镉、铬、钴、铜、镓、锗、铟、锰、镍、铅、钪、硒、锡、钍、钛、钒、钇、锌、锆、铀及 14 个稀土元素。在 pH = 5 条件下富集的元素为：砷、铋、铬、镓、钼、锑、钪、硒、锡、钍、钛、钒、钨，因与 pH = 9 富集的元素有重叠，一般选择 pH = 5 分离测定镓、钼、锑、硒、钨。pH = 5 和 pH = 9 的分离溶液分别在 ICP‑MS 上测定。

未被沉淀的锂、铷、铯、钡、锶、溴、碘、镁、硼等元素一般含量较高，取过滤酸化的原水样稀释10倍后即可直接上 ICP-MS 测定。仪器工作参数见表 27.2。

表 27.2 ICP-MS 工作参数

仪器工作参数		数据获取参数	
ICP 功率	1350 W	模式	跳峰
冷却气流量	15.0 L/min	点数/质量数	3
辅助气流量	0.7 L/min	停留时间	10 ms/点
雾化气流量	1.0 L/min	扫描次数/样品	40

注：以 TJA ExCell 型仪器为例。

点燃等离子体稳定 15 min 后，用仪器调试溶液进行参数最佳化，要求仪器灵敏度达到 1 ng/mL In 溶液的计数率大于 $2\times10^4 s^{-1}$。同时以 CeO/Ce 为代表的氧化物产率 <2%，以 Ce^{2+}/Ce 为代表的双电荷离子产率 <5%。

以高纯水为空白溶液，用 $\rho(B)=20.0$ ng/mL 组合标准溶液对仪器进行校准，然后测定试样溶液。在测定的全过程中，通过三通在线引入 Rh 内标溶液，对仪器漂移和基体效应进行补偿。

仪器计算机根据标准溶液中各元素的已知浓度和测量信号强度建立各元素的校准曲线公式，然后根据未知试样溶液中各元素的信号强度，以及海水样体积和制得的试样溶液体积，给出各元素在原试样中的质量分数。

5. 注意事项

（1）铁沉淀剂的加入量要适量，铁量太少影响痕量元素的完全沉淀，铁量过大会使镁大量沉淀，增加背景干扰。海水中的大量盐类对形成铁的氢氧化物沉淀有抑制作用，每 200 mL 水样中加入铁量为 4 mg（淡水加 1 mg 即可）。

（2）沉淀的陈化时间不足会造成回收率偏低，陈化 2～3 h，各元素可以得到满意的回收率。

（3）天然水中存在的有机物不影响氢氧化物的沉淀。

（4）某些元素与氢氧化铁的共沉淀与其价态有关，如 As、Sb、Cr、Mo 等，由于这些元素在水中往往以低价存在，本法是以低价形式进行的研究。这些元素的高价离子的沉淀情况尚待进一步研究。

思考题

1. 与传统的无机分析技术相比，ICP-MS 的优势有哪些？
2. 影响实验结果的因素有哪些？
3. 为什么使用氢氧化铁作为捕捉剂？

实验28 耗氧量的测定

碱性高锰酸钾氧化法

1. 实验目的

掌握碱性高锰酸钾容量法测定海水中化学耗氧量的原理及方法。

2. 方法提要

在碱性加热条件下,用已知量并且是过量的高锰酸钾,氧化海水中的需氧物质。然后在硫酸酸性条件下,用碘化钾还原过量的高锰酸钾和二氧化锰,所生成的游离碘用硫代硫酸钠标准溶液滴定。

$$MnO_4^- + C + 4OH^- = MnO_4^{2-} + CO_2 + 2H_2O$$

$$2MnO_4^- + C + 2H_2O = 2MnO_2 + CO_2 + 4OH^-$$

$$8MnO_4^- + 5S_2O_3^{2-} + 14H^+ = 8Mn^{2+} + 10SO_4^{2-} + 7H_2O$$

$$2S_2O_3^{2-} + I_2 = S_4O_6^{2-} + 2I^-$$

3. 仪器和装置

溶解氧滴定管(25 mL)

碘量瓶

4. 试剂

碘化钾

氢氧化钠溶液(250 g/L) 存放于聚乙烯瓶中。

硫酸(1+3) 在搅拌下,将1体积浓硫酸慢慢加入3体积水中,趁热滴加 $KMnO_4$ 溶液 $[c(1/5KMnO_4)=0.01\ mol/L]$,至溶液略呈微红色不褪为止,盛于试剂瓶中。

碘酸钾标准溶液 $[c(1/6KIO_3)=0.0100\ mol/L]$ 称取 3.567 g KIO_3(预先在 120℃烘 2 h,置于干燥器中冷却)溶于水中,全部移入 1000 mL 棕色容量瓶中,稀释至标线,混匀。置于阴暗处,有效期为 1 个月。使用时稀释 10 倍,即得 0.0100 mol/L 碘酸钾标准溶液。

高锰酸钾溶液 $[c(1/5KMnO_4)=0.01\ mol/L]$ 称取 3.2 g $KMnO_4$ 溶于 200 mL 水中,加热煮沸 10 min,冷却,移入棕色试剂瓶中,稀释至 10 L,混匀。放置 7 d 左右,用玻璃砂芯漏斗过滤。

淀粉溶液（5 g/L） 称取 1 g 可溶性淀粉，用少量水搅成糊状，加入 100 mL 煮沸的水，混匀，继续煮至透明。冷却后加入 1 mL 乙酸，稀释至 200 mL，盛于试剂瓶中。

硫代硫酸钠标准溶液 [$c(Na_2S_2O_3)$ = 0.01 mol/L] 称取 25 g 硫代硫酸钠（$Na_2S_2O_3 \cdot 5H_2O$），用刚煮沸冷却的水溶解，加入约 2 g Na_2CO_3，移入棕色试剂瓶中，稀释至 10 L，混匀。置于阴凉处。

硫代硫酸钠标准溶液的标定 称取 10.00 mL KIO_3 标准溶液 [$c(1/6\ KIO_3)$ = 0.01 mol/L]，沿壁流入碘容量瓶中，用少量水冲洗瓶壁，加入 0.5 g KI，沿壁注入 1.0 mL (1+3)H_2SO_4，塞好瓶塞，轻荡混匀，加少许水封口，在暗处放置 2 min。轻轻旋开瓶塞，沿壁加入 50 mL 水，在不断振摇下，用 $Na_2S_2O_3$ 溶液滴定至溶液呈淡黄色，加入 1 mL 淀粉溶液，继续滴定至溶液蓝色刚褪去为止。重复标定，至两次滴定读数差小于 0.05 mL 为止。由分取碘酸钾标准溶液的浓度和体积，以及滴定消耗 $Na_2S_2O_3$ 溶液的体积计算 $Na_2S_2O_3$ 溶液的浓度（mol/L）。

5. 分析步骤

（1）取 25 mL 水样于 250 mL 锥形瓶中（若有机物含量高，可少取水样，加蒸馏水稀释至 100 mL）。加入 1 mL NaOH 溶液混匀，加 10 mL $KMnO_4$ 溶液，混匀。立即于电热板上加热至沸，煮沸 10 min（从冒出第一个气泡时开始准确计时），然后迅速冷却到室温。加入 5 mL (1+3)H_2SO_4，加 0.5 g KI，混匀，在暗处放置 5 min。在不断振摇或电磁搅拌下，用 $Na_2S_2O_3$ 标准溶液滴定至溶液呈淡黄色，加入 1 mL 淀粉溶液，继续滴至蓝色刚褪去为止，记下滴定消耗体积 V_1。两平行双样滴定读数相差不超过 0.10 mL。

（2）取 100 mL 重蒸馏水代替水样，按上述步骤测定分析空白滴定值 V_2。

按下式计算耗氧量（COD）的浓度：

$$耗氧量(COD) = \frac{c(V_2 - V_1) \times 8.0}{V} \times 1000$$

式中：c 为硫代硫酸钠的浓度，mol/L；V_2 为滴定空白试验消耗硫代硫酸钠标准溶液的体积，mL；V_1 为滴定试样时消耗硫代硫酸钠标准溶液的体积，mL；V 为取水样体积，mL；COD 为水样的耗氧量，mg/L；8.0 为氧（1/2）的摩尔质量的数值，g/mol。

6. 注意事项

（1）当水样中含有悬浮物时，摇匀后分取。

（2）水样加热完毕后，溶液应保持淡红色，如变浅或全部褪色，说明 $KMnO_4$ 的用量不够，应将水样稀释后测定。

（3）水样加热完毕后，应冷却到室温，再加入 H_2SO_4 和 KI，否则会因游离碘挥发而造成损失。

（4）以淀粉作指示剂时，应先用 $Na_2S_2O_3$ 标准溶液滴定至溶液呈淡黄色后，再加入淀粉溶液，继续滴至蓝色刚褪去为止。淀粉指示剂不宜过早加入。

（5）淀粉指示剂应新鲜配置，若放置过久，则与 I_2 形成的配合物不呈蓝色而呈紫色或红色，这种紫红色配合物在用 $Na_2S_2O_3$ 滴定时褪色慢，终点不敏锐，有时甚至看不见显色效果。

（6）用于制备 KIO_3 标准溶液的纯水和玻璃器皿须经煮沸处理，否则 KIO_3 溶液易分解。

（7）耗氧量的测定是在一定反应条件实验的结果，是相对值，所以测定时应严格控制条件，如试剂的用量、加入试剂的次序、加热时间及加热温度的高低，加热前溶液的总体积等都必须保持一致。

思考题

1. 在标定过程中，淀粉指示剂加入先后次序对测定有何影响？
2. 影响实验结果的因素有哪些？
3. 水样中加入 $KMnO_4$ 煮沸后，若紫红色消失说明什么？应如何处理？

实验 29　生化需氧量的测定

碘量法

1. 方法提要

水体中有机物在微生物降解的生物化学过程中，消耗水中溶解氧。用碘量法测定的培养前后两者溶解氧含量之差，即为生化需氧量，以氧的含量 mg/L 计。培养 5 天为五日生化需氧量（BOD_5）。

水中有机质越多，生物降解需氧量也越多，一般水中溶解氧有限，因此，需用氧饱和的蒸馏水稀释。为提高测定的准确度，培养后减少的溶解氧要求占培养前溶解氧的 40%～70% 为适宜。

本法可用于海水的生化需氧量的测定。

2. 仪器和装置

自动调温 [(20±1)℃] 培养箱　不透光，以防光合作用产生溶解氧。

培养瓶　150～300 mL 特制的 BOD 瓶（具磨口塞和供水封的喇叭口，见图 29.1）或试剂瓶。所用的培养瓶的容积均需校准。

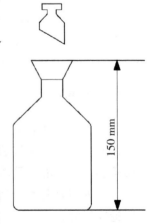

图 29.1　BOD 瓶示意图

其他仪器和装置　见实验9"溶解氧测定"。

3. 试剂

氯化钙溶液（27.5 g/L）　称取27.5 g氯化钙（$CaCl_2$）溶于水中，稀释至1000 mL。盛于试剂瓶中。

三氯化铁溶液（0.25 g/L）　称取0.25 g氯化铁（$FeCl_3 \cdot 6H_2O$）溶于水中，稀释至1000 mL。盛于试剂瓶中。

硫酸镁溶液（27.5 g/L）　称取22.5 g硫酸镁（$MgSO_4 \cdot 7H_2O$）溶于水中，稀释至1000 mL。盛于试剂瓶中。

硫酸盐缓冲溶液（pH=7.2）　溶解8.5 g磷酸二氢钾（KH_2PO_4）、21.75 g磷酸氢二钾（K_2HPO_4）、33.4 g磷酸氢二钠（$Na_2HPO_4 \cdot 7H_2O$）和1.7 g氯化铵（NH_4Cl）于约500 mL水中，稀释至1000 mL。此缓冲液pH为7.2，不需再做调节。

测定溶解氧所需试剂及其配制见实验9"溶解氧测定"。

4. 分析步骤

（1）稀释水的制备。在20 L大玻璃瓶中加入一定体积的水，经过曝气后（8～12 h），使溶解氧接近饱和，盖严静置，备用。使用前于每升水中加磷酸盐缓冲溶液（pH≈7.2）、22.5 g/L $MgSO_4$溶液、27.5 g/L $CaCl_2$溶液、0.25 g/L $FeCl_3$溶液各1 mL，混匀。

（2）水样采集和培养。水样采集后应在6 h内开始分析，若不能，则在4℃或4℃以下保存，而且不得超过24 h，并将贮存时间和温度与分析结果一起报告。

对未受污染海区的水样，可以直接取样。分装样品时，虹吸管的一头要插入培养瓶的底部，慢慢放水，以免带入气泡。直接测定当天水样和经过5 d培养后水样中溶解氧的差值，即为5日生化需氧量。

对于已受污染海区的水样，必须用稀释水稀释后再进行培养和测定。水样稀释的倍数是测定的关键。稀释倍数的选择可根据培养后溶解氧的减少量而定，剩余的溶解氧至少要有1 mg/L。一般采用20%～75%的稀释量。在初次实验时，可对每个水样同时选择2～3个不同的稀释倍数。

1）稀释方法。量取一定体积的水样于2000 mL量筒中，用虹吸管引入稀释水至2000 mL刻度，用一插棒式混合棒（在玻璃棒的一端插入一块略小于所用量筒直径，约2mm厚的橡皮板），小心上下搅动，不可露出水面，以免带入空气。

2）用虹吸管将稀释后的水样装入4个培养瓶中，至完全充满后轻敲瓶壁使瓶中可能混有的小气泡逸出，盖紧瓶盖，用水封口。

另取4个编号的培养瓶，全部装入稀释水，盖紧后用水封口，作为空白对照组。

3）将各瓶的编号按操作顺序记录在表格中，每种样品各取一瓶立刻测定溶解氧，其余放入（20±1）℃的培养箱中。

4）从开始培养的时间算起，经5昼夜后，取出样品，测定其溶解氧的剩余量。

溶解氧的测定及其浓度计算，见溶解氧的测定。
按下式计算 5 日生化需氧量（BOD_5）：

$$BOD_5 = \frac{(D_1 - D_2) - (D_3 - D_4) \times f_1}{f_2}$$

式中：BOD_5 为 5 日生化需氧量，mg/L；D_1 为水样在培养前的溶解氧，mg/L；D_2 为水样在培养后的溶解氧，mg/L；D_3 为稀释水在培养前的溶解氧，mg/L；D_4 为稀释水在培养后的溶解氧，mg/L；f_1 为稀释水（V_3）在样品（V_4）中所占的比例；f_2 为水样（V_4）在稀释水（V_3）中所占的比例；其中

$$f_1 = \frac{V_3}{V_3 + V_4}, f_2 = \frac{V_4}{V_3 + V_4}$$

5. 注意事项

（1）水样培养期间，培养瓶封口处应该始终有水，可用塑料帽盖在瓶口上，减少封口水的蒸发。维持培养箱的温度在（20±1）℃。培养期间，样品不要见光，以防光合作用产生溶解氧。

（2）稀释水也可以采用新鲜天然海水，稀释水应保持在20℃左右，并且在20℃培养 5 d 后，溶解氧的减少量应在 0.5 mg/L 以下。

（3）配置试剂和稀释水所用的蒸馏水不应含有机质、苛性碱和酸。

思考题

1. 影响实验结果的因素有哪些？
2. 为什么说水样的稀释倍数是关键？如何合理地选择稀释倍数？
3. 水样中的气泡是如何影响实验分析过程的？

实验 30　总有机碳的测定

仪器分析法

海水试样经酸化通氮气除去无机碳后，用过硫酸钾将有机碳氧化生成二氧化碳气体，用非色散红外二氧化碳气体分析仪测定。

本方法适用于河口、近岸以及大洋海水中溶解有机碳的测定。

1. 仪器装置

二氧化碳测定装置（见图 30.1）。

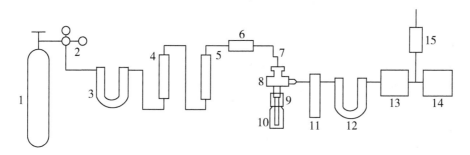

1—高纯氮气钢瓶；2—压力调节阀；3—活性炭U型管；4—5A分子筛；5—碱石棉管；6—流量计；
7—不锈钢导管；8—聚四氟乙烯夹具；9—弹性胶管；10—安瓿瓶；11—盛盐酸羟胺溶液洗气瓶；
12—无水高氯酸镁；13—二氧化碳分析仪；14—记录仪；15—尾气流量计

图30.1 二氧化碳测定装置

非色散红外二氧化碳气体分析仪

玻璃转子流量计 量程 $0 \sim 500$ mL/min。

聚四氟乙烯密封通气夹具

全玻璃回流蒸馏装置

玻璃滤器

玻璃纤维滤膜 于450℃灼烧4 h。

安瓿瓶（10 mL） 于450℃灼烧4 h。

酒精喷灯

水浴锅

2. 试剂

无碳水 将蒸馏水盛于全玻璃回流装置中，并按每升水加入 10 g $K_2S_2O_8$ 和 2 mL H_3PO_4，投入少许沸石，加热回流 4 h 后，换上全玻璃磨口蒸馏接收装置，蒸出无碳水，收集中间馏分于充满氮气的玻璃具塞瓶中。蒸馏装置需接一个内装活性炭和钠石灰的吸收管，以吸收外界进入的二氧化碳和有机气体。无碳水应在临用时制备。

高氯酸镁

氯化汞

磷酸

过硫酸钾溶液（40 g/L） 称取 4 g 经重结晶处理的 $K_2S_2O_8$ 溶于 100 mL 无碳水中，加几滴 H_3PO_4，通氮气（99.999%）除二氧化碳。临用时配制。

盐酸羟胺溶液 称取 17.4 g $NH_2OH \cdot HCl$ 溶于 500 mL 0.5 mol/L HCl 中。

邻苯二甲酸氢钾标准储备溶液（1.00 mL 含 1.00 mg 碳） 称取 106.3 mg 邻苯二甲酸氢钾（$KHC_8H_4O_4$，基准试剂，预先在 110℃ 烘 2～3 h）溶于水后移入 50 mL 容量瓶中，用水稀释至刻度，加入少许 $HgCl_2$，摇匀。置于冰箱保存。

邻苯二甲酸氢钾标准溶液（1.00 mL 含 10.0 μg 碳） 移取 1.00 mL 邻苯二甲酸氢钾标准储备液 1.00 mg/mL 于 100 mL 容量瓶中，用水稀释至刻度，摇匀。此溶液有效期一周。

活性炭 在氮气氛围下，于 700℃ 活化 4 h。

分子筛（5A）

碱石棉

氮气（纯度 99.999%）

3. 校准曲线

分别取 0.00 mL、1.25 mL、2.50 mL、5.00 mL、7.50 mL、10.0 mL 邻苯二甲酸氢钾标准溶液于 6 个 25 mL 容量瓶中，用水稀释至刻度，摇匀。加 1 滴 H_3PO_4，通氮气 5 min 除去二氧化碳，去除溶液无机碳的通氮管应插入液体底部。

移取 4.00 mL 上述溶液于 10 mL 安瓿瓶中，加 1 mL $K_2S_2O_8$ 溶液，通氮气（200 mL/min）半分钟（去除盛有待测溶液安瓿瓶顶部空间无机碳的通氮管口应稍高于液面），立即于酒精喷灯焰上封口（安瓿瓶封口时应将安瓿瓶瓶口与一装有碱石棉的玻璃三通管连接，避免外部二氧化碳气体沾污）。于沸水浴中加热氧化 2 h 后取出，冷却至室温。

将安瓿瓶与聚四氟乙烯密封夹具连接（见图 30.1），待二氧化碳分析仪基线稳定后，用尖嘴钳夹破安瓿瓶瓶口，立即将不锈钢导管插入瓶底，通入氮气（200 mL/min），把二氧化碳气体带入分析仪，测定相对读数 A_i。其中标准空白吸光度为 A_0。

以相对读数（$A_i - A_0$）为纵坐标，相应含碳量（mg/L）为横坐标，绘制校准曲线。

4. 分析步骤

（1）用玻璃或金属采样器采集海水样，贮存于硬质玻璃瓶中。采集后应立即用 Whatman GF/C 玻璃纤维滤膜过滤并立即分析。若不能立即分析，试样中应添加少许 $HgCl_2$ 并置于冰箱保存。

（2）量取 25 mL 上述处理的海水样于 25 mL 样品瓶中，加几滴 H_3PO_4，使水样 pH 值小于或等于 2，通氮气鼓泡 5 min，除去样品中的无机碳。去除溶液无机碳的通氮管应插入液体底部。

（3）按绘制校准曲线步骤测定相对读数 A_w。

（4）量取 25 mL 水，按海水操作步骤测定试样分析空白吸光度 A_b。

根据（$A_w - A_b$）值从校准曲线上查得海水样中有机碳的浓度（mg/L）。

5. 注意事项

（1）所用玻璃器皿使用前需用 $H_2SO_4 - K_2Cr_2O_7$ 洗液浸泡 1～2 d，自来水冲洗后用蒸馏水洗涤，最后用无碳水洗净。

(2) 每次测定前需更换盐酸羟胺溶液和 $Mg(ClO_4)_2$，以防水气和氯气进入分析仪干扰测定。

(3) 测定时要保持载气流量恒定。夹安瓿瓶和插入不锈钢导管的动作应迅速，以免影响测定精密度。

思考题

1. 海水样经 Whatman GF/C 玻璃纤维滤膜过滤后为何要立即分析？
2. 影响实验结果准确度的因素有哪些？
3. 为什么在分析步骤中使水样的 pH 值小于或等于2？

实验31 海水总碱度的测定

海水总碱度是指每千克（或每升）海水中所含的酸根阴离子，全部转化成游离酸所需氢离子的毫摩尔数。符号为 Alk；单位为 mmol/L。通常可表示为：

$$Alk = C_{HCO_3^-} + 2C_{CO_3^-}^2 + C_{B(OH)_4^-} + C_{OH^-} - C_{H^+} + C_{剩}$$

式中，最后一项为剩余碱度，指碳酸、硼酸以外的所有弱酸阴离子浓度的总和。通常其含量较之其他项目要低得多，一般情况下可忽略不计。

1. 实验目的

（1）掌握用 pH 法测定海水总碱度的方法原理及实验条件。
（2）掌握海水总碱度的计算方法。

2. 实验原理

采用 pH 方法测定总碱度，即向水样中，加入过量的盐酸标准溶液，中和水样中弱酸根离子，然后用 pH 计，测定混合溶液的 pH 值。由测得值根据下式可计算出混合溶液中剩余的盐酸量。从加入盐酸总量中减去此值便可以求出水样中的弱酸根离子浓度，以 mmol/L 为单位。

$$Alk = \frac{1000}{V_s} V_a \times M_a - \frac{1000}{V_s}(V_s + V_a) \times C_{H^+}$$

式中：V_a 为外加标准盐酸溶液的体积；V_s 为水样体积；M_a 为标准盐酸溶液浓度（mol/L）；C_{H^+} 为混合溶液中氢离子浓度；$C_{H^+} = a_{H^+}/f_{H^+}$ 可由所测得的 pH 值求得，f_{H^+} 代表活度系数。

3. 仪器

酸度计 H-2C 型；

电极　复合电极；

烧杯　50 mL，6个；

移液管　25 mL，10 mL各1支；

洗瓶　2个。

4. 试剂

标准盐酸溶液0.006xx（xx表示有效数字）（mol/L）　取8.4 mL浓盐酸于1000 mL容量瓶中，加水至1000 mL，摇匀；另取上述溶液61 mL，于1000 mL容量瓶中，加水至1000 mL，摇匀，即为盐酸标准溶液。

碳酸钠标准溶液（0.0050 mol/L）　准确称取0.530 g碳酸钠〔在（285±10）℃下烘2 h，置于干燥器中冷却到室温〕，于100 mL烧杯中，用少量水溶解，转移于1000 mL容量瓶中稀释到刻度。

标准缓冲溶液　pH=4.008，pH=6.864。

甲基红-次甲基蓝混合指示剂　称取0.32 g甲基红溶于80 mL 95%乙醇中，加入6.0 mL次甲基蓝乙醇溶液（0.01 g次甲基蓝溶于100 mL 95%乙醇中），混合后加入1.2 mL氢氧化钠溶液（ρ_{NaOH}=40.0 g/L），溶液成暗色，贮存于棕色瓶中。

5. 实验步骤

（1）酸度计的定位。中性标准溶液定位，测定酸性标准溶液；操作步骤同pH的测定。

（2）盐酸溶液的标定。

1）定位滴定法。移取15.00 mL标准碳酸钠溶液于50 mL干燥的烧杯中，加1只搅拌子，置于搅拌器上；放入电极，加入13 mL盐酸溶液，打开搅拌器，测定pH值，以后每加一次盐酸溶液（约每次0.5 mL），测定一个pH值，直到pH小于3为止（平行测定2份），用二阶微商方法准确求出盐酸的滴定体积（V_{HCl}）。

2）滴定法。移取15.00 mL标准碳酸钠溶液于100 mL干燥的三角瓶中，加甲基红-次甲基蓝混合指示剂6滴，用稀盐酸溶液滴定。当溶液由橙色转变为稳定浅紫红色即为终点（V_{HCl}）。

（3）样品的测定。用移液管移取25.00 mL水样于50 mL洗净干燥的烧杯中，加入10.00 mL标准盐酸溶液，加1只搅拌子，置于搅拌器上，打开搅拌器，测定pH值，重复测定，直到稳定为止（读数误差小于0.01）。平行测定两份，两次误差小于0.02。

6. 结果计算

（1）盐酸浓度的计算：

$$M_a = \frac{2M_{Na_2CO_2} \times V_{Na_2CO_3}}{V_{HCl}}$$

$$V_{HCl} = V_0 + \frac{\left|\frac{\Delta pH^2}{\Delta V_1^2}\right|}{\left|\frac{\Delta pH^2}{\Delta V_1^2}\right| + \left|\frac{\Delta pH^2}{\Delta V_2^2}\right|}$$

（2）根据 $Alk - a_{H^+}$ 的关系曲线，得海水总碱度计算公式：

$$Alk = \frac{1000}{V_s}V_a \times M_a - \frac{1000}{V_s}(V_s + V_a) \times \frac{a_{H+}}{f_{H+}}$$

已知：$V_a = 10$ mL，$V_s = 25$ mL。

f_{H+} 为 H^+ 的活度系数，是由实验室测得。若海水的氯度为 6～12，混合液的 pH 在 3.00～4.00 的范围内，a_{H+} 的变化不大，可取作 $a_{H+} = 0.753$。

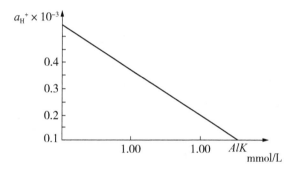

图 31.1 $a_H^+ - Alk$ 关系图

M_a 也是已知数（0.006 mol/L 左右）。所以公式的第一项为一常数，则碱度随混合液中氢离子活度的变化而变化。为了计算结果方便起见，可以 a_{H+}（其范围值为 $10^3 \sim 10^4$）为纵坐标，绘制 Alk 对 a_{H+} 的关系曲线。如图 31.1 所示。

表 31.1 pH 换算为氢离子活度 a_{H+}

pH	a_{H+}	pH	a_{H+}	pH	a_{H+}
3.00	0.001	3.34	0.457×10^3	3.67	0.214×10^3
3.01	0.977	3.35	0.447	3.68	0.209
3.02	0.955	3.36	0.437	3.69	0.204
3.03	0.933	3.37	0.427	3.70	0.200
3.04	0.912	3.38	0.417	3.71	0.195
3.05	0.891	3.39	0.407	3.72	0.191
3.06	0.871	3.40	0.398	3.73	0.186
3.07	0.851	3.41	0.389	3.74	0.182
3.08	0.832	3.42	0.380	3.75	0.178
3.09	0.813	3.43	0.372	3.76	0.174

续上表

pH	a_{H^+}	pH	a_{H^+}	pH	a_{H^+}
3.10	0.794	3.44	0.363	3.77	0.170
3.11	0.776	3.45	0.355	3.78	0.166
3.12	0.759	3.46	0.347	3.79	0.162
3.13	0.741	3.47	0.339	3.80	0.158
3.14	0.725	3.48	0.331	3.81	0.155
3.15	0.709	3.49	0.324	3.82	0.151
3.16	0.692	3.50	0.316	3.83	0.147
3.17	0.676	3.51	0.309	3.84	0.144
3.18	0.661	3.52	0.302	3.85	0.141
3.19	0.646	3.53	0.295	3.86	0.138
3.20	0.631	3.54	0.288	3.87	0.135
3.21	0.617	3.55	0.282	3.88	0.132
3.22	0.603	3.56	0.275	3.89	0.129
3.23	0.589	3.57	0.269	3.90	0.126
3.24	0.575	3.58	0.263	3.91	0.123
3.25	0.562	3.59	0.257	3.92	0.120
3.26	0.549	3.60	0.251	3.93	0.117
3.27	0.537	3.61	0.245	3.94	0.115
3.28	0.525	3.62	0.240	3.95	0.112
3.29	0.513	3.63	0.234	3.96	0.110
3.30	0.501	3.64	0.229	3.97	0.107
3.31	0.490	3.65	0.224	3.98	0.105
3.32	0.479	3.66	0.219	3.99	0.102
3.33	0.468				

（3）由测得海水混合液的 pH 值，在 a_{H^+} - Alk 关系曲线上，查得对应的总碱度，要求平行测定两份水样其差值不大于 0.03m mol/L。

7. 技术指标

（1）准确度。总碱度为 2.2 mmol/L 时，相对误差为 ±2.5%。

（2）精密度。相对标准偏差为 ±1.5%。

思考题

1. 本方法有什么优点？

2. 在实验操作过程中应注意哪些问题？
3. 测定结果对探讨海水碳酸盐体系化学平衡有何关系？

实验 32　海水中 666、DDT 的气相色谱法测定

1. 适用范围和应用领域

本方法适用于河口和近岸海水中 666、DDT 的测定。
本方法为仲裁方法。

2. 方法原理

水样中的 666、DDT 经正己烷萃取、净化和浓缩，用填充柱气相色谱法测定其各异构体含量。总量为各异构体含量之和。

3. 试剂及其配制

硫酸（H_2SO_4）　1.84 g/mL，超纯。

无水硫酸钠（Na_2SO_4）　600℃灼烧 4 h 以上，冷却后密闭保存，有效期 1 个月。

硫酸钠溶液（20 g/L）　将 20 g 无水硫酸钠溶于水中，稀释至 1000 mL。

正己烷 [$CH_3(CH_2)_4CH_3$]（含量大于 99%）　于全玻璃磨口回流蒸馏器中每 1000 mL 正己烷加入 1 g 固体氢氧化钠（NaOH），回流 4 h。换上分馏柱水浴蒸馏，收集 68℃～69℃馏分，弃去前 5% 和最后 10% 的馏分。

苯（C_6H_6）　经全玻璃蒸馏器重蒸，收集 80℃馏分。

异辛烷 [$CH_3(CH_2)_6CH_3$]　经全玻璃蒸馏器重蒸。

丙酮（CH_3COCH_3）　经全玻璃蒸馏器重蒸，收集 38℃～39℃馏分。

固定液　OV-17，OV-210。

666、DDT 各组分标准品　α-666、β-666、γ-666、δ-666、o.p-DDT、p.p′-DDE、p.p′-DDT、p.p′-DDD，色谱纯。

666、DDT 各组分标准储备溶液　分别称取 1.00 mg α-666、γ-666、δ-666，4.00 mg β-666、p.p′-DDE，5.00 mg p.p′-DDD，8.00 mg o.p-DDT 和 10.0 mg p.p′-DDT 于 8 个 10.0 mL 的量瓶中，用正己烷或异辛烷（β-666 需先用少量苯溶解）溶解并稀释至标线，混匀。各标准贮备液的浓度分别为：0.100 mg/mL，0.100 mg/mL，0.100 mg/mL，0.400 mg/mL，0.400 mg/mL，0.500 mg/mL，0.800 mg/mL，1.00 mg/mL。

666、DDT 各组分混合标准使用溶液　分别准确移取一定体积（例如 10.0 μL）666、DDT 各组分标准储备液于同一容量瓶中（例如 100 mL 容量瓶），用正己烷稀释

定容（或通过两次稀释）最终制成混合标准使用液，浓度分别为：α-666，0.010 ng/μL；γ-666，0.010 ng/μL；β-666，0.040 ng/μL；δ-666，0.010 ng/μL；p.p′-DDE，0.040 ng/μL；o.p-DDT，0.080 ng/μL；p.p′-DDD，0.050 ng/μL；p.p′-DDT，0.100 ng/μL。将上述混合标准液分装于 2 mL 安瓿瓶（经450℃灼烧4 h以上）中封存，置冰箱内保存。每支安瓿瓶装 0.3～0.5 mL 标准使用液，临用时启封。

4. 仪器及设备

气相色谱仪　配 ^{63}Ni 电子捕获检测器。

玻璃填充色谱柱　内径 12 mm，长 1.8 m。

全玻璃磨口回流蒸馏装置　带 50 cm 长的分馏柱。

全玻璃蒸馏器

K-D 浓缩器或带三球冷凝柱的蒸发浓缩器

分析天平　感量 0.01 mg。

分液漏斗　容量 800 mL。

微量注射器　容量 1 μL、10 μL、100 μL。

定量加液器　容量 5 mL、10 mL。

真空系统或电动吸引器

一般实验室常备仪器和设备

5. 分析步骤

按以下步骤制备色谱柱：

（1）色谱柱预处理：玻璃柱用（1+1）盐酸溶液浸泡过夜，用水冲净，烘干，注入 10%（V/V）二甲基二氯硅烷的甲苯溶液浸泡 2 h，弃去溶液，用氮气吹干。

（2）固定相制备：称取 0.080 g OV-17 和 0.320 g OV-210 于 100 mL 圆底烧瓶内，用适量丙酮溶解。烧瓶与冷凝管联接，置于水浴中回流 2 h。稍冷后将 5 g 预热过（120℃，2 h）的色谱担体倒入，控制丙酮液面略高于担体，在微沸下回流 4 h。冷却后自然晾干（不时摇动，以防粘结）。

（3）色谱柱装柱：将玻璃柱与固定相在 120℃下预热 2 h，冷却。在柱的一端填上一小块玻璃毛，高度约 5 mm，并接到真空系统的抽滤瓶。柱的另一端接一小漏斗，在减压下边振荡、边填柱，使固定相填充均匀。填完后取下漏斗，并填上一小块玻璃毛。

（4）色谱柱老化：将已填好的色谱柱一端接色谱仪注射进样口，另一端放空，依次在 150℃、180℃、210℃下各老化 2 h，最后在 230℃下老化 16 h 以上。

（5）连接检测器：将已老化的色谱柱放空端接入检测器，在工作条件下用氮气吹洗 8 h。注射 666、DDT 各组分混合标准使用溶液，根据其色谱图检验色谱柱的分离效果，应得到完全分离的 8 种异构体的色谱峰。

6. 样品测定

样品的测定按以下步骤进行：

（1）样品萃取。量取 500 mL 海水样品于分液漏斗中，加入 10.0 mL 正己烷，剧烈振荡 2 min，静置分层后弃去水层。

（2）净化。正己烷相用硫酸净化 2 次，每次 5 mL，剧烈振荡 1 min。再用硫酸钠溶液洗涤 2 次，每次 10 mL，振荡 1 min。正己烷相经无水硫酸钠柱脱水。用 10 mL 正己烷分两次洗涤分液漏斗并经脱水柱。最后用 5 mL 正己烷冲洗脱水柱。所有流经脱水柱的正己烷均收集在浓缩瓶内。

（3）浓缩。将浓缩瓶装到 K–D 浓缩瓶或蒸发浓缩装置中，在 80℃～90℃ 的水浴中浓缩至 3～5 mL。取下浓缩瓶，在常温下用氮气吹拂使溶液体积小于 0.5 mL，最后用正己烷定容至 0.50 mL。若不能立即进行色谱测定，将溶液封存在安瓿瓶内，冰箱保存。

（4）色谱测定。分别抽取相同体积的样品浓缩液和混合标准使用液按选定的气相色谱仪工作条件测量各异构体的峰高 h_w 和 h_0；同时，取 10 mL 正己烷测定试剂空白 h_b。

7. 记录与计算

将测得的标准空白和水样的有机氯农药各异构体的数据按下列公式计算，水样中有机氯农药各异构体的浓度。

$$\rho_{666,DDT} = \frac{c_0(h_w - h_0)V}{h_0 V_1}$$

式中：$\rho_{666,DDT}$ 为水样中有机氯农药各异构体浓度，ng/L；c_0 为标准使用溶液中该异构体的浓度，ng/μL；h_0 为标准使用溶液对应的异构体的色谱峰高，mm；h_w 为样品提取液相应的异构体的色谱峰高，mm；V 为提取液浓缩后定容体积，μL；h_b 为空白中相应的异构体的色谱峰高，mm；V_1 为水样体积，L。

水样中 666 和 DDT 的总量为各异构体浓度之和。

8. 精密度和准确度

当有机氯农药的含量分别为：α–666，44.0 ng/L；γ–666，6.48 ng/L；β–666，6.86 ng/L；δ–666，2.13 ng/L；∑666，59.5 ng/L；p.p'–DDE，0.71 ng/L；p.p'–DDD，15.5 ng/L；p.p'–DDT，10.2 ng/L；∑DDT，26.4 ng/L。相对标准偏差（%）分别为：α–666，2.9；γ–666，4.5；β–666，5.5；δ–666，4.7；∑666，2.7；p.p'–DDE，28；o.p–DDT，1；p.p'–DDD，8.4；p.p'–DDT，12；∑DDT，5.7。方法平均回收率为：∑666，86%～95%，∑DDT，78%～86%。

9. 注意事项

（1）除非另作说明，本方法所用试剂均为分析纯，水为蒸馏水加入高锰酸钾溶液稳定的紫红色蒸馏，再加氢氧化钠溶液呈强碱性重蒸。亦可采用活性炭－国产1300型树脂吸收净化。

（2）所用玻璃器皿均先用洗涤剂刷洗，自来水彻底冲洗，再用普通蒸馏水和净化蒸馏水各荡洗3次。浓缩瓶需用5%氢氧化钠－乙醇溶液浸泡过夜，用自来水彻底冲洗，普通蒸馏水洗5次，净化蒸馏水洗3次。除分液漏斗自然晾干外，其余均烘干，置于干净的柜内避尘保存。

（3）为减少微量注射器引起的误差，标准和样品均使用同一支注射器，且注射体积相同，若确实需要采用不同体积注射，需对针头滞液量进行校正，并在计算公式中引入体积比（$V_{标}/V_{样}$）因子。

（4）如果水样有机质含量较高，可增加硫酸净化次数。

（5）提取液浓缩时应保持溶液呈微沸状态，以减少损失。

（6）提取浓缩液最好当天进行色谱测定，空白试剂必须当天测定，否则变异很大。

（7）蒸发浓缩回收的正己烷经纯化后可反复使用。

（8）超纯硫酸一般可直接使用，低于此纯度的硫酸须用正己烷提纯至空白值才可以接受。

（9）Σ666和ΣDDT分别为666和DDT各异构体含量之和，在实际工作中，往往会出现个别异构体含量低于其检测限，出现此情况时用其检出限的一半代表该异构体的含量。

（10）色谱仪的最佳工作条件要根据所用仪器型号进行选择。

（11）海水样品必须存放在全玻璃容器内，并尽快进行分析。塑料容器不适宜用于水样的贮放。

思考题

1. 影响实验结果的因素有哪些？
2. 使用气相色谱法测定海水中666、DDT有什么优点？
3. 简述硫酸净化水样中有机质的原理。

实验33　海水中狄氏剂气相色谱法测定

1. 适用范围和应用领域

本法适用于近岸和大洋海水中狄氏剂含量测定。
本方法为仲裁方法。

2. 方法原理

海水样品通过树脂柱，溶解态的狄氏剂被吸附于树脂上。用丙酮洗脱，正己烷萃取，通过硅胶混合层析柱脱水、净化、分离，浓缩后进行气相色谱测定。

3. 试剂及其配制

1300（Ⅰ）型或 Amberlite XAD-2 型树脂　把树脂置于 20~40 目（830~380 μm）筛网中，用自来水冲洗，除去细微悬浮颗粒与无机杂质，依次于索氏提取器中用甲醇、丙酮、甲醇提取 24 h，用水冲净溶剂，并置于水中保存。

无水硫酸钠（Na_2SO_4）　用正己烷［在正己烷中加入 0.5% 颗粒氢氧化钾（KOH），回流 4 h 以后开始分馏，弃去 5% 前馏分与 10% 后馏分，收集 67.5~68℃中间馏分］索氏提取 8 h，晾干后，于 250℃ 烘 4 h，装在具塞磨口玻璃瓶中，于干燥器内保存，保存期一个月。

中性氧化铝（Al_2O_3）　于 800℃ 活化 4 h，冷却后加入 5% 的水，剧烈振荡 30 min，装具塞磨口玻璃瓶中，于干燥器内保存。使用前，再于 130℃ 烘 8 h。

层析硅胶　100~200 目（150~75 μm）：450℃ 活化 8 h，密封于磨口塞玻璃瓶中，置于干燥器内保存。使用前，再于 130℃ 烘 8 h。

活性炭　粒状，在 280℃ 烘 4 h，装具塞玻璃瓶中，置于干燥器内保存。

GF/F 型玻璃纤维膜　在 300℃ 烘 3 h，用干净的铝箔包装，置于干燥器中。

玻璃纤维　依次用 10% 氢氧化钠溶液与（1+1）盐酸溶液浸泡，去除杂质。用自来水冲洗至中性后，用蒸馏水刷洗。于 500℃ 烘 4 h，然后用适量正己烷浸泡，晾干后置于玻璃瓶中保存。

正己烷［$CH_3(CH_2)_4CH_3$］　同无水硫酸钠操作。

甲醇（CH_3OH）　重蒸。

甲苯（$C_6H_5CH_3$）　重蒸。

乙醚（$CH_3CH_2OCH_2CH_3$）　重蒸。

乙醚-正己烷混合溶剂　1 体积乙醚与 9 体积正己烷混匀，加入适量无水硫酸钠。

固定液　OV-17，OV-210。

担体　Chromosorb W HP，80~100 目（180~150 μm）或 Gas chrom Q，100~120 目（150~120 μm）。

氢氧化钾（KOH）　粒状。

二甲基二氯硅烷

狄氏剂标准贮备溶液（0.50 mg/mL）　称取 5.00 mg 狄氏剂（$C_{12}H_{18}Cl_6O$）置于 10 mL 量瓶中，用正己烷稀释至标线并混匀。

狄氏剂标准中间溶液（0.25 μg/mL）　移取 12.5 μL 狄氏剂标准贮备液于 25 mL 量瓶中，用正己烷稀释至标线并混匀。

狄氏剂标准使用溶液（0.050 ng/mL） 移取 5 μL 狄氏剂标准中间溶液于 25 mL 量瓶中，用正己烷稀释至标准线并混匀。该标准使用溶液分装于已净化的安瓿瓶中，每支约 0.5 mL。熔封后贴上标签，置于 4℃冰箱中保存。临用时打开。

4. 仪器及设备

气相色谱仪　带 ^{63}Ni 电子捕获检测器。

填充色谱柱　内径 2 mm，长 1.8 m 的硬质玻璃柱。

电动真空吸引泵

高纯氮气（纯度 99.99%）

微量注射器　容量 1 μL、10 μL。

索氏提取器

全玻璃蒸馏器

蒸发浓缩器　浓缩瓶 250 mL。

玻璃柱　内径 30 mm×400 mm 与内径 12 mm×300 mm，下端具玻璃活塞。

玻璃柱　内径 30 mm×60 mm 与内径 30 mm×50 mm，下端具玻璃活塞。

具塞刻度离心管（10 mL、25 mL）

分液漏斗（60 mL、1000 mL）

碱解回流装置　带 100 mL 锥形蒸馏瓶。

分馏柱　内径 20 mm×300 mm，上下端具 19 号标准口接头。

一般实验室常备仪器和设备

5. 分析步骤

（1）色谱柱制备。

（2）样品富集。

（3）样品提取液的脱水、净化和分离。

（4）样品提取液的脱水、净化和分离按以下步骤进行：

1）在一根内径 12 mm×300 mm 的玻璃柱下端填入少量玻璃纤维，并加入 10 mL 正己烷。边轻敲柱壁边依次填入 2 g 层析硅胶、1 g 中性氧化铝、1 g 无水硫酸钠。

2）放尽柱中的正己烷，用滴管将样品提取液定量地转入层析柱，用 2 mL 正己烷分 2 次涮洗离心管，同样用滴管小心把它转移到层析柱，打开柱活塞，再放尽正己烷。

3）用刻度移液管量取 10~13 mL 正己烷加入柱，在柱下面置 1 支 25 mL 刻度离心管作接收用。打开柱活塞，以 1 mL/min 速度用正己烷淋洗层析柱，淋洗液中含有 PCBs 及 p.p′-DDE 等。

4）用 12~14 mL 的乙醚-正己烷混合溶剂以同样速度淋洗层析柱，淋洗液接收于第 2 支 25 mL 刻度离心管中，此淋洗液中含有狄氏剂、BHC、p.p′-DDD、以及部分 o.p-DDT 与 p.p′-DDT。

⑤所接收的第 2 支淋洗液用氮气吹拂浓缩到小于 0.5 mL，准确定容至 0.50 mL，待气相色谱分析。

6. 气相色谱测定

（1）将狄氏剂的标准使用溶液、试样提取液在同一色谱条件下分别进样相同体积，确定 2 个谱图中保留时间相同的峰。

（2）在此基础上，取同等量的提取液与狄氏剂标准使用液，用验证实验确认狄氏剂。

（3）分别测量试样与标准样的狄氏剂峰高。同时测定分析空白峰高。

7. 记录与计算

将测定色谱数据按下列公式计算，试样中狄氏剂的浓度：

$$\rho_D = \frac{(h_w - h_b) \times c_{st} \times V_1}{h_{st} \times V_2}$$

式中：ρ_D 为水样狄氏剂含量，mg/L；h_w 为试样峰高，mm；h_b 为分析空白峰高，mm；c_{st} 为狄氏剂标准溶液浓度，μg/L；V_1 为试样提取液体积，mL；h_{st} 为标准样峰高，mm；V_2 为海水样的体积，mL。

8. 精密度与准确度

狄氏剂浓度分别为 6.25 ng/L 和 25 ng/L 时，平均值分别为 5.4 ng/L 和 22 ng/L，相对标准偏差分别为 1.7% 和 5.4%，平均回收率分别为 86% 和 88%。

9. 注意事项

（1）除非另作说明，本方法所用试剂为分析纯，水为普通蒸馏水通过 1300（Ⅰ）型树脂柱的水或等效纯水。

（2）由于海水中存在多种有机化合物，保留时间相同的有机物时有所见，因而，当样品中检出含狄氏剂时，尚需进一步做确证试验，方法如下：

1）盐酸-乙酸酐混合物的制备：搅拌条件下滴加 10 mL 乙酸酐到一个置于冰水中且内装 5 mL 盐酸（1.19 g/mL）的锥形烧瓶中。该溶液密闭于锥形瓶，在室温下可放 30 min。

2）狄氏剂衍生物：在 1 个 12 mL 离心管中放入含有适量杀虫剂的样品提取液（本试验在 1 mL 正己烷中加入含有 12.5 ng 标准狄氏剂），当 0.5 mL 的盐酸乙酸酐试剂加入后，用氮气吹拂浓缩至大约 0.5 mL，摇动离心管使内容物完全湿润，后用磨口玻璃塞塞住，把内容物置于（100±1）℃烘箱加热 45 min，冷却至室温后加入 1.5 mL 纯水，接着在搅拌条件下加入饱和碳酸钠溶液，直至没有二氧化碳气体逸出为止。加入 1 mL 正己烷，摇动离心管，待分层后，上面有机相用滴管吸取，通过硅胶（2 g）-氧化铝（1 g）-无水硫酸钠（1 g）层析柱，先用 13 mL 正己烷淋洗层析柱，弃淋洗液。用 14 mL 乙醚 – 正己烷混合溶剂淋洗，收集该淋洗液于离心管中，将它浓缩至 0.5 mL，注入色谱仪，色谱条件与本方法其他测试相同。

实验参数为：注入色谱仪的狄氏剂标准溶液和狄氏剂与盐酸 – 乙酸酐反应的衍生物的保留时间分别为 4.70 min 和 10.88 min。

（3）在实验室中，很难把树脂净化到要求的纯度，因此，树脂经甲醇、丙酮、甲醇索提以后，仍需进行空白检验，但不必通过海水样。

（4）操作时应将树脂柱与硅胶层析柱填得紧密没有气泡。一旦出现气泡，既影响流速，也影响吸附效率。任何水或溶剂过柱时，其液面不得低于柱层的顶端，严防空气进入柱层。树脂层更容易有气泡，一旦出现，可暂停操作，用玻璃棒插入柱层将气泡赶出。

（5）若待测试样中不仅含有狄氏剂，尚含有 PCBs 与其他有机氯农药。那么，本方法步骤所收集的第一份淋洗液不能弃掉，留待测定 PCBs 与其他组分。

（6）根据所有的色谱仪器型号，选择最佳色谱条件。

思考题

1. 海水中狄氏剂有哪些存在形式？
2. 实验过程中存在哪些干扰因素？

实验 34 海带（紫菜）中碘的提取及其检验

1. 实验目的

了解从海带中提取碘的原理，以及歧化反应与反歧化反应的原理与应用。熟悉从海带中分离和检验碘元素的操作流程。

2. 方法概述

海带中含有碘化物（有机碘化物，无机碘化物），利用 H_2O_2 可将 I^- 氧化成 I_2。用 CCl_4 萃取溶液中的碘单质后，加入 NaOH 将 CCl_4 溶液中的碘转化为碘离子和碘酸根离子，从而进入氢氧化钠溶液中，反应方程式如下：$3I_2 + 6OH^- \rightleftharpoons 5I^- + IO_3^- + 3H_2O$。加入 H_2SO_4 进行反歧化反应，使溶液中的碘离子和碘酸根离子完全转变为碘单质，由于碘在水中的溶解度极小，较多的碘从溶液中析出，静置，倾析，晾干可得固体碘。反应方程式如下：

$$5I^- + IO_3^- + 6H^+ \rightleftharpoons 3I_2 + 3H_2O$$

3. 仪器与试剂

分液漏斗及漏斗架 5 mL 小离心管及其他常规玻璃仪器 CCl_4 3 mol/L H_2SO_4 6 mol/L H_2SO_4 40% NaOH 1% 淀粉溶液 pH 试纸

4. 实验步骤

（1）海带灼烧。将干海带表面刷干净，剪成小块，将剪成小块的干海带放在坩埚中，进行灼烧。

（2）溶解过滤。称取 5 g 海带灰，加入 30 mL 蒸馏水，煮沸 2～3 min，过滤。并用约 2 mL 蒸馏水洗涤沉淀得滤液。

（3）氧化及检验碘单质。往滤液中加入 3 mol/L 的 H_2SO_4，调整 pH 为 2～3。静置一分钟，滴加 30% 的 H_2O_2 约 1 mL。用 1% 淀粉溶液检验证明碘单质的存在。

（4）萃取及提取碘单质。用 CCl_4 萃取水溶液中的碘，采用少量多次方法（CCl_4 总用量不超过 15 mL），至水层接近无色为止。将萃取到的碘的 CCl_4 溶液都倒入分液漏斗中，在剧烈振荡下，用少量 40% NaOH 溶液溶解 CCl_4 溶液中的碘，至 CCl_4 层紫色完全消失，静置，分出水层。向分出的水层溶液滴加 6 mol/L H_2SO_4 酸化，调整 pH 为 2～3，使溶液中的 I^- 和 IO_3^- 完全转变为碘单质，由于碘在水中的溶解度极小，较多的碘从溶液中析出，静置，倾析，晾干可得固体碘。

思考题

1. 操作步骤中，哪些环节会影响碘的回收率？
2. 如何从碘的三种形态电极单位理解实验中的歧化与反歧化反应原理？

实验 35 海水中氯化钠的提取与纯化

1. 实验目的

（1）巩固减压过滤、蒸发浓缩等基本操作。
（2）了解沉淀溶解平衡原理的应用。
（3）学习在分离提纯物质过程中，定性检验某种物质是否已除去的方法。

2. 实验原理

海水中蕴藏着无比巨大的化学资源。海水目前已发现的元素有 80 多种，它们主要以简单离子和络合离子的形式存在，在海水浓缩结晶过程中则以盐的形式析出，成为化学原料。海水中平均含有约 3.5% 的各类盐类，其中约 78% 的盐分为氯化钠，总量约 5 亿亿吨。可以说，氯化钠是海水中除水外最巨大的化学资源。目前世界上每年由海水制盐近万吨，占世界食盐总产量的 30% 以上。海水制盐方法主要有太阳能蒸发法（又称盐田法）、电渗析法和冷冻法。

在盐田法中，当海水蒸发掉约 90% 的水时，氯化钠开始析出，一般蒸发到析出 79% 的食盐为止。继续蒸发会有较多的 $MgSO_4$、$MgCl_2$ 和 $NaBr$ 陆续析出，从而影响食盐的纯度。分离即可得到粗盐和卤水。如此制备的粗盐（或原盐）含有 Mg^{2+}、Ca^{2+}、SO_4^{2-}、K^+ 等可溶性杂质，可满足一般的化学工业需要；而用于食品及精细化工等方面，常需对粗盐进一步提纯。可溶性杂质中的 Mg^{2+}、Ca^{2+} 和 SO_4^{2-} 则可通过加入 $BaCl_2$、$NaOH$ 和 Na_2CO_3 溶液，生成沉淀而除去；也可加入 $BaCO_3$ 固体和 $NaOH$ 溶液来除去。

上述两种提纯方法可由两位同学合作进行实验，报告中要从产品产量和质量、实验操作、成本等方面进行评述。

3. 实验步骤

（1）海水预浓缩。取 400 mL 海水，直接加热蒸发浓缩至溶液体积剩余 50 mL（若实验时间不够，可由准备室提供预浓缩后的溶液）。

（2）除 Mg^{2+}、Ca^{2+} 和 SO_4^{2-}。

方法一：$BaCl_2 - NaOH - Na_2CO_3$ 法

1）除 SO_4^{2-}。加热溶液至沸，边搅拌边滴加 1 mol/L $BaCl_2$ 溶液至 SO_4^{2-} 除尽为止。继续加热煮沸数分钟。过滤。

2）除 Mg^{2+}、Ca^{2+} 和过量的 Ba^{2+}。将溶液加热至沸，边搅拌边滴加 $NaOH - Na_2CO_3$ 混合溶液至 pH 约等于 11。取清液检验 Ba^{2+} 除尽后，继续加热煮沸数分钟。过滤。

3）除过量的 CO_3^{2-}。加热搅拌溶液，滴加 6 mol/L HCl 调节溶液的 pH 为 2～3。

方法二：$BaCO_3 - NaOH$ 法

1）除 Ca^{2+} 和 SO_4^{2-}。在海水浓缩液中，加入约 1.0 g $BaCO_3$［比 Ca^{2+} 和 SO_4^{2-} 的含量约过量 10%（质量分数）］。在 90℃ 左右搅拌溶液约 30 min。取清液，用饱和 $(NH_4)_2C_2O_4$ 溶液检验 Ca^{2+}，如尚未除尽，需继续加热搅拌溶液，至除尽为止。

2）除 Mg^{2+}。用 6 mol/L NaOH 调节上述溶液 pH 约为 11。取清液，依次加入 6 mol/L NaOH 和镁试剂，证实 Mg^{2+} 除尽后，再加热数分钟，过滤。

3）溶液的中和。用 6 mol/L HCl 调节溶液的 pH 为 5～6。

（3）蒸发、结晶。加热蒸发浓缩上述溶液，并不断搅拌至稠状。趁热抽滤，将产品转入蒸发皿内用空气浴加热炒干。冷至室温，称量，计算产率。

（4）产品质量检验。取产品 1 g，溶于 5 mL 蒸馏水，定性检验其中是否含 Ba^{2+}、Mg^{2+}、Ca^{2+} 和 SO_4^{2-}。

思考题

1. 能否用重结晶的方法提纯氯化钠？
2. 能否用氯化钙代替毒性大的氯化钡来除去食盐中的 SO_4^{2-}？
3. 使用沉淀溶解平衡原理，说明用碳酸钡除去食盐中 Ca^{2+} 与 SO_4^{2-} 的根据和条件。
4. 在实验中，如果以 $Mg(OH)_2$ 沉淀形式除去粗盐溶液中的 Mg^{2+}，则溶液的 pH 应如何控制？
5. 在提纯粗盐溶液过程中，K^+ 将在哪一步除去？

第三部分 设计型实验

在基础型和综合型实验的基础上,为培养学生灵活运用所学理论及实验技能解决海洋化学实际问题的能力,为今后从事实际工作和开展科学研究打好基础。在教学中我们将安排一些比较成熟的设计性实验,要求学生选做其中的部分实验。学生在设计实验方案过程中,要学会查阅与实验内容密切相关的参考文献,运用所学的理论知识和基本操作技能完成实验目的和要求。在设计实验方案时,要把所学得的知识融会贯通、灵活运用,不要局限于某一种测定方法,只要设计的方法合理、可靠、简单易行即可。

实验方案的设计要求十分具体,包括方法原理、所需仪器及试剂、取样量的确定、样品的溶解、具体操作步骤(包括标准溶液、反应条件、指示剂等)、分析结果的计算等。分析方案交指导教师批阅后,方可进行实验。实验报告内容包括:实验名称、实验目的、实验原理、操作步骤、结果与讨论、结论,最后还须附上与实验设计密切相关的参考文献。

实验 36 海洋沉积物吸附水的测定

1. 实验内容

(1)以大洋沉积物为研究对象,测定吸附水含量。
(2)采用重量法测定。

2. 提示

(1)大洋沉积物试样盐分和水分含量高,而吸附水含量的波动将影响其它化学组分的准确度。因此,作为基线的吸附水数据是十分重要的。
(2)试样不易烘干,烘干后又极易吸水,因此称量环境的湿度会对吸附水的准确测定产生明显影响。操作中应尽量减少试样在空气中的暴露时间。
(3)试样干燥后,也不宜在干燥器中久放,否则影响测定结果的准确性。

思考题

称样环境的湿度对测量结果有何影响？怎样控制？如何理解重量法中的恒重概念？

实验 37　海洋沉积物 X 射线荧光光谱测定主、次量元素

1. 实验内容

（1）熟悉 X 射线荧光光谱仪器结构、分析原理和操作步骤。

（2）分别用粉末压片法和偏硼酸锂熔样法进行样品预处理，比较二者所得结果。

（3）测试项目为：二氧化硅、三氧化铝、三氧化铁、氧化镁、氧化钙、氧化钾、氧化钠（主量元素）；氧化钛、氧化锰、五氧化磷等（次量元素）。

2. 提示

（1）海底沉积物是以海水为介质沉积在海底的物质，是古海洋环境的主要记录者，对认识海洋的形成和演变具有重要意义。海洋沉积物的化学分析结果可为海洋基础地质调查、矿产地质调查和环境地质调查、港口建设、水下工程设施、国防、航海、渔业、石油钻井平台的设计和施工等海洋开发前期工程提供重要科学依据。

（2）海底沉积物的形成环境的研究，可为石油等海底沉积矿产的生成和储集条件提供重要资料，有关现代三角洲和碳酸盐沉积相的研究，日益受到重视。现代研究证明，大洋沉积物的成分和类型与多金属结核的分布有密切关系。

（3）查阅文献，了解待测组分的大致含量，拟定分析方案。

思考题

两种实验方案的技术指标有何差异？

实验 38　海洋沉积物中稀土元素的电感耦合等离子体原子发射光谱测定

1. 实验内容

（1）样品消解采用过氧化钠熔融，水提取稀土元素形成氢氧化物沉淀，沉淀溶

于盐酸，经强酸性离子交换树脂分离富集，洗提，使用电感耦合等离子体原子发射光谱进行测定。

（2）了解熟悉 ICP - AES 的分析原理与基本操作条件。

2. 提示

（1）海底沉积物稀土元素的丰度、元素分布模式和参数对于探讨沉积物的形成条件、物源区性质和气候环境具有重要意义，近十年来有关海洋沉积物稀土元素地球化学的研究已见诸各类文献，这些研究阐述了海底沉积物稀土元素地球化学性质及其地域差异，为探讨区域性沉积物的物质来源、形成环境以及沉积物的对比提供了重要信息。

（2）稀土元素在表生环境中相对稳定，沉积物中 REE（稀土元素）组成及分布模式主要取决于源岩，而受风化剥蚀、搬运、水动力、沉积、成岩及变质作用影响小。因而 REE 常用作沉积物的物源地球化学示踪剂。

思考题

如何评价测试结果的准确性？测试结果可以用来讨论哪些海洋科学问题？

实验 39 大洋多金属结核（结壳）铂族元素的测定

1. 实验内容

（1）采用火试金技术分离富集铁锰结核中的铂族元素。
（2）了解熟悉 ICP - MS 的分析原理与基本操作条件。
（3）采用高纯度羰基镍粉为捕集剂，注意控制试剂空白。镍扣粉碎后用盐酸分解过滤，并充分洗涤沉淀物，用王水消解沉淀后定容上机测定。

2. 提示

（1）富钴结壳是继大洋铁锰结核之后发现的又一种重要的海底矿产资源，其中富集有较高含量的铂族元素（PGE）。作为一种矿产资源，PGE 具有极高的经济价值。同时，PGE 的地球化学组成和各项参数可作为大洋铁锰结核（结壳）成矿物质来源的良好示踪剂。因此，分析测定富钴结壳中的铂族元素具有重要意义。

（2）铂族元素是测试难度最大的一组元素，在传统的分析中，Pt 和 Pd 采用湿法分解，活性炭富集，原子发射光谱法测定；Os、Ru 采用碱熔分解，蒸馏分离，催化分光光度法测定；Rh、Ir 采用锍试金富集，催化分光光度法和催化极谱法测定。上述方法劳动强度大，取样量多，分析周期长，而且"块金效应"显著。目前，在铂族元素的分析中，锍镍试金富集-电感耦合等离子体质谱法（ICP-MS）是国内外公认的灵敏度高、准确度好的分析方法之一，因此在各类地质样品的铂族元素分析中被广泛应用。

（3）ICP-MS 的优良检测限仍被全流程的试剂空白水平所制约。因此，有效降低试剂特别是作为捕集剂的镍的空白成为实现超痕量铂族元素分析的关键。

思考题

针对样品化学组成，火试金配料中各组分的配比要注意哪些问题？

实验 40 海水中溴的提取

1. 实验内容

（1）使用液膜技术从海水中提取溴。

（2）了解表面活性剂的选择与用量、试剂比、油内比、油水比及海水中不同离子对提取溴的影响，找到适当的分离参数。

（3）查阅参考文献，拟定实验方案。

2. 提示

（1）溴素（Bromine）是最早从海水中发现并成功分离的元素，具有"海洋元素"之称。它是一种非常重要的化工原料，广泛应用于阻燃剂、石油开采、杀菌剂、农药、感光材料、医药及军工等领域，其制备技术和应用价值受到国内外学者的高度重视。

（2）地表 99% 的溴存在于海水中，海水中溴的含量为 0.065 g/L，以 Br^- 的形式存在，是溴素资源提取的主要来源，因此充分利用海洋资源发展海水提溴具有非常重要的现实意义。

（3）经过数十年的发展，海水提溴技术取得了巨大的成就，以空气吹出法和水蒸气蒸馏法为代表的传统的提溴技术更加完善，我国提溴技术目前几乎全部采用这两种方法。这两种方法适合大规模的工业化生产，但是存在生产成本高、资源利用率低等问题，导致了溴资源的大量浪费。以离子交换树脂和膜分离法为代表的新的提溴方法也在不断的发展壮大中。

思考题

如何对提取溴的实验回收率进行评价？

实验 41　大洋多金属结核（结壳）多金属元素电感耦合等离子体原子发射光谱分析

1. 实验内容

（1）利用电感耦合等离子体原子发射光谱仪测定多金属结核中的 Na_2O、MgO、Al_2O_3、P_2O_5、K_2O、CaO、TiO_2、V、Mn、Fe、Co、Ni、Cu、Zn、As、Rb、Sb、Y、Zr、Mo、Ba、La、Ce 和 Pb 等 24 种组分。

（2）样品消解采用硝酸密封增压微波分解。

（3）拟定的分析测试方案应能满足大洋多金属结核资源调查、评价要求。

2. 提示

（1）随着世界经济和科学技术的飞速发展，人类对矿产资源的需求量与日俱增。由于陆地资源日益减少，人类必然要把目光转向大洋。位于国家管辖海域以外的国际海底区域面积约为 2.517 亿 km^2，占地球表面积的 49%，这一广阔区域蕴藏着丰富的矿产资源，据 1965 年美国加利福尼亚大学罗尔教授提出的一份研究报告估算，世界各大洋多金属的储量有 2 万～3 万亿吨，仅太平洋就有 117 万亿吨。它广泛分布于水深 4 000～6 000 m 的深海底，丰度达 5～18 kg/m^2。其中含有铜、钴、镍、锰、铁、钨、钛、钼、金、银、铂等 70 多种元素，其中钴、铜、锰的平均品位分别为 0.22%、1.00%、25.00%。据测算，分布在太平洋的锰储量达 2 000 亿吨，相当于陆地上的 57 倍；镍 90 亿吨，相当于陆地的 83 倍；铜 50 亿吨，相当于陆地上的 9 倍；钴 30 亿吨，相当于陆地上的 539 倍。因此，国际海底异常丰富的矿产资源已成为世界各国瞩目的 21 世纪具有商业开发前景的战略资源。以美国为首的西方国家已把占有和开发国际海底资源问题视为国家海洋战略的重要组成部分，并且加大投资开发力度。

（2）我国人口众多，矿产资源人均占有量远低于世界人均水平，陆地铜、镍、钴、锰 4 种金属的工业储量远远不能满足国民经济建设的需要。面对大洋多金属结核开发的严峻形势，为维护我国应有的海洋权益，开辟我国新的矿产资源来源，深入开展大洋多金属结核（结壳）研究具有重要战略意义。

（3）通过查阅文献，了解各大洋大洋多金属结核（结壳）中多金属的大致含量，拟定分析方案。

思考题

如何评价分析方法的检测限和精密度？

实验42　海洋鱼类样品中重金属元素电感耦合等离子体原子发射光谱分析

1. 实验内容

（1）以不同海区（近岸、大洋）鱼类为样本，采用电感耦合等离子体原子发射光谱法分别测定生物毒性显著的 As、Cd、Cr、Cu、Hg、Ni、Pb 和 Zn 等 8 个重金属元素。

（2）自拟定样品消解方案，注意消解温度选择，避免部分元素挥发损失。

（3）根据实验结果探讨不同重金属元素的富集特征。

2. 提示

（1）重金属不能被生物降解，相反却能在生物体中富集，且海洋生物对重金属有较强的富集能力，当含量达到一定程度时，就会危害人体健康。

（2）海产鱼类是人类所需蛋白质的主要来源之一，海洋鱼类长期生活在低浓度的微量元素水域中，伴随着海域的污染，日积月累，某些重金属元素就会在鱼体的组织器官中高度地富集。

（3）鱼类在生存过程中，从水、食物及沉积物中吸收生命必需元素，与这些吸收途径相似，非生命必需元素也被鱼类吸收并积累在机体组织中，使原来供人们食用的鱼类可能成为浓缩毒物的载体，危及人类健康。

思考题

鱼类不同组织器官对各种重金属积累能力有何差异？

实验43　珊瑚中微量元素电感耦合等离子体质谱分析

1. 实验内容

（1）测定珊瑚礁在海水中的具有生物活性的微量元素（V、W、Y、As、Se）。

（2）了解和熟悉电感耦合等离子体质谱的分析原理及操作步骤。

（3）样品消解采用高压密封酸消解，赶酸时注意避免 As 和 Se 的挥发损失。

2. 提示

（1）海水中大多数具有生物活性的微量元素都参与到海洋的生物地球化学过程中，因此对海洋生产力起着不可忽视的作用。珊瑚礁是海洋中最具多样性的生态系统，广泛分布于热带、亚热带地区。它们为海洋中 25% 的生物提供栖息之处，适宜的生长温度使这些生物生长迅速，生物活动频繁，因而珊瑚礁是海洋中的高生产力区域。

（2）V、W、Y 这三种元素可能参与珊瑚礁生态系统的光合作用，例如 V 是叶绿素中十分重要的元素，海水中这三种微量元素都可能参与到珊瑚礁的生物活动中，因此它们在海水中的含量变化受到生物活动的影响。而 As 与 Se 这两种元素在海水中的含量尽管也存在变化，但它们与碳酸盐系统参数、溶解氧及温度，以及盐度都不存在同步变化的关系，这些受珊瑚礁生物活动所控制的微量元素 V、W、Y，它们在珊瑚钙质骨骼中的记录可能成为潜在的海洋生产力的地球化学替代指标。

（3）查阅文献，了解珊瑚中主、微量元素的大致组成；拟定分析测试方案。

思考题

珊瑚中微量元素的测定结果对解释海洋生态环境演变有何科学意义？

实验 44　海带（紫菜）中重金属元素电感耦合等离子体原子发射光谱分析

1. 实验内容

（1）采用微波增压密封硝酸溶样。
（2）消解温度控制在 160℃。
（3）查阅文献，结合样品中重金属大致含量（考虑仪器检测限）确定称样量。

2. 提示

（1）比重大于 4.5 的金属被称为重金属，如铬（Cr）、铅（Pb）、镉（Cd）、砷（As）、汞（Hg）、铜（Cu）等，它们往往在动物和植物体内不断积聚，再经由食物链富集，最后进入人体并在人体内与蛋白质及酶等发生强烈的相互作用，使它们失去活性，从而危害人体健康。

（2）重金属超标会对人体健康产生极大的危害，世界各国日渐重视食品中重金属的限量标准，同时对重金属分析检测方法的研究也越来越多。传统的重金属检测方法比较成熟，灵敏度高，但往往操作繁琐。

(3)电感耦合等离子原子发射光谱法（ICP – AES）在我国食品中重金属快速检测技术中发挥着越来越重要的作用。

思考题

根据测试结果，结合海水中测定元素的背景含量阐述重金属在样品中的富集特征。

实验 45　海水中金的富集与测定

1. 实验内容

（1）海水中金的含量很低，一般低于分析仪器的检测限。因此，样品中待测组分需要预浓缩处理。

（2）采用离子交换或泡沫塑料吸附技术进行海水中金的浓缩富集是实验成败的关键。

（3）对富集金的材料进行灼烧后，用王水消解定容，再用石墨炉原子吸收测定。

2. 提示

（1）美国沉积学家米勒曼和麦迪认为，大陆上的黄金被河流、冰川、洪水带到海洋里，数量巨大，每年约有160吨金随着沉积物进入海洋。现代研究表明，海底热液活动也是海水中金的主要来源。海洋学家还曾对海水中的含金量做过分析，每吨海水含有 0.004～0.020 mg。全世界海中含金的总量至少有1000万吨，乐观地估计，可达5500万吨，超过大陆上的黄金储量。但各个海洋的地理条件不同，含金量亦有差异，例如加勒比海每吨海水含金量高达 15～18 mg，为一般海水含金量的 750～900 倍；我国的渤海、黄海、东海、南海各海域的黄金储量约达15000吨。

（2）但由于开采技术和开发费用高昂，目前从海水中提炼黄金的想法尚未付诸实施，只得望洋兴叹！用什么办法呢？科学家们已注意到这一课题，他们发现某些海洋生物能够吸取海水中的金属元素，例如虾的血液中含有铜、扇贝的鳃中富含铁，某些鱼类骨骼中含铅的份量高出海水中含铅量的2000万倍。比如说，如能在海水中培植出一种能吸取海水中金元素的某种藻类，扩大放养，到期收获这种特殊的"黄金藻"，也许能获取无穷无尽的黄金了。

（3）海水中金的赋存形态是以配合物形式存在。

思考题

根据海水中金的背景含量（0.004 μg/L）和仪器检测限，说明要处理多少海水才能获得满足仪器分析的金含量。

附　　录

附录1　实验室安全常识

一、化验室危险性的种类

1. 火灾爆炸危险性

化学实验室发生火灾带有普遍性，这是因为化学实验室中经常使用易燃易爆物品。例如高压气体钢瓶、低温液化气体和减压系统（真空干燥、蒸馏等），如果处理不当，操作失灵，再遇上高温、明火、撞击、容器破裂或没有遵守安全制度，往往酿成火灾爆炸事故，轻则造成人身伤害、仪器设备破损，重则造成多人伤亡、房屋损坏。

2. 有毒气体危险性

在化学实验室中经常要用到煤气和各种有机试剂，它们不仅易燃易爆而且有毒。在有些实验室中由于化学反应也产生有毒气体，如不注意到都有引起中毒的可能性。

3. 触电危险性

化学实验室离不开电气设备，不仅常用220 V的低电压，而且还要用几千及上万伏的高压电，分析人员应该懂得如何防止触电事故或由于使用非防爆电器产生电火花引起的爆炸事故。

4. 机械伤害危险性

化学实验常用到玻璃器皿，还有割断玻璃管胶塞打孔、用玻璃管连接胶管等操作，操作者疏忽大意或思想不集中可能会造成皮肤创伤。

5. 放射性危险

从事放射性物质分析及X荧光衍射分析的人员很可能受到放射性物质及X射线的伤害，必须认真防护，避免放射性物质侵入和污染人体。

二、防火与防爆

物质起火的三个条件是物质本身的可燃性、氧的供给和燃烧的起始温度。一切可燃物的温度处于着火点以下时，即使供给氧也不会燃烧。因而，控制可燃物的温度是防止起火的关键。

1. 实验室常见的易燃易爆物

（1）易燃液体：如苯、甲苯、甲醇、乙醇、石油醚、丙酮。

（2）燃烧爆炸性固体：钾、钠等轻金属等。

（3）强氧化剂：硝酸铵、硝酸钾、高氯酸、过氧化钠、过氧化氢等。

（4）压缩及液化气体：如氢气、氧气、乙炔、氮气、液化石油气等。

（5）可燃气体：一些可燃气体与空气和氧气混合，在一定条件下会发生爆炸。

2. 起火和起爆的预防措施

根据化学实验室着火和爆炸的原因，可采取下列针对性预防措施。

（1）预防加热起火。

1）在火焰、电加热器或其他热源附近严禁放置易燃物。

2）加热用的酒精灯、喷灯、电炉等加热器使用完毕时，应立即关闭。

3）灼热的物品不能直接放置在实验台上，各种电加热器及其他温度较高的加热器都应放置在石棉板上。

4）倾注或使用易燃物时，附近不得有明火。

5）蒸发、蒸馏和回流易燃物时，不许使用明火直接加热或用明火加热水浴，应根据沸点高低分别用水浴、沙浴或油浴等加热。

6）在蒸发、蒸馏或加热回流易燃液体过程中，分析人员绝不能擅自离开。

7）实验室内不宜存放过多的易燃品。

8）不应用具磨口塞的玻璃瓶贮存爆炸性物质，以免关闭或开启玻璃塞时因摩擦引起爆炸。必须配用软木塞或橡皮塞，并应保持清洁。

9）不慎将易燃物倾倒在实验台或地面上时，必须：①迅速断开附近的电炉、喷灯等加热源；②立即用毛巾、抹布将流出的液体吸干；③室内立即通风、换气；④身上或手上沾有易燃物时，应立即清洗干净，不得靠近火源。

（2）预防化学反应热起火和起爆。

1）分析人员对于要进行的实验，须了解其反应和所用化学试剂的特性，对有危险的实验，要准备应有的防护措施及发生事故的处理方法。

2）易燃易爆物的实验操作应在通风橱内进行，操作人员应戴橡皮手套、防护眼镜。

3）在未了解实验反应之前，试剂用量要从最小开始。

4）及时销毁残存的易燃易爆物。

（3）预防容器内外压力差引起爆炸。

1）预防减压装置爆炸，减压容器的内外压力差不得超过一个大气压。

2）预防容器内压力增大引起爆炸的措施。

a. 低沸点和易分解的物质应保存在厚壁瓶中，放置在阴凉处。

b. 所有操作应按操作规程进行。反应太猛烈时，一定要采取适当措施以减缓反应速度。

c. 不能将仪器装错，使加热过程中形成密闭系统。

d. 对有可能发生爆炸的实验一定要小心谨慎，严加管理、严格遵守操作规程，绝对不允许不了解实验的人员进行操作，并严禁一人单独在实验室工作。

3. 实验室灭火

灭火原则是：移去或隔绝燃料的来源，隔绝空气（氧）、降低温度。对不同物质引起的火灾，采取不同的扑救方法。

（1）实验室灭火的紧急措施。

1）防止火势蔓延，首先要切断电源，熄灭所有加热设备；快速移去附近的可燃物；关闭通风装置，减少空气流通。

2）立即扑灭火焰，设法隔断空气，使温度下降到可燃物的着火点以下。

3）火势较大时，可用灭火器扑救。常用的灭火器有以下四种：

二氧化碳灭火器，用以扑救电器、油类和酸类火灾，不能扑救钾、钠、镁、铝等物质引起的火灾，因为这些物质会与二氧化碳发生作用。

泡沫灭火器，适用于有机溶剂、油类着火，不宜扑救电器火灾。

干粉灭火器，适用于扑灭油类、有机物、遇水燃烧物质的火灾。

1211灭火器，适用于扑灭油类、有机溶剂、精密仪器、文物档案等火灾。

（2）实验室灭火注意事项。

1）用水灭火注意事项：能与水发生猛烈作用的物质失火时，不能用水灭火，如金属钠、电石、浓硫酸、五氧化二磷、过氧化物等，对于这些小面积范围燃烧可用防火砂覆盖；比水轻、不溶于水的易燃与可燃液体，如石油烃类化合物和苯类芳香族化合物失火燃烧时，禁止用水扑灭；溶于水或稍微溶于水的易燃物与可燃液体，如醇类、醚类、酯类、酮类等失火时，若数量不多可用雾状水、化学泡沫、皂化泡沫等扑灭；不溶于水、比重大于水的易燃与可燃液体如二硫化碳等引起的火灾，可用水扑灭，因为水能浮在液面上将空气隔绝，禁止使用四氯化碳灭火器。

2）电气设备及电线着火时，首先用四氯化碳灭火剂灭火，电源切断后才能用水扑救。严禁在未切断电源前用水或泡沫灭火剂扑救。

3）回流加热时，如因冷凝效果不好，易燃蒸汽在冷凝器顶端着火，应先切断加热源，再行扑救。绝对不可用塞子或其他物品堵住冷凝管口。

4）若敞口的器皿中发生燃烧，应尽快先切断加热源，设法盖住器皿口、隔绝空气，使火熄灭。

5）扑灭产生有毒蒸气的火情时，要特别注意防毒。

（3）灭火器的维护。

1）灭火器要定期检查，并按规定更换药液。使用后应彻底清洗，并更换损坏的零件。

2）使用前须检查喷嘴是否畅通，如有阻塞，应用铁丝疏通后再使用，以免造成爆炸。

3）灭火器一定要固定放在明显的地方，不得任意移动。

4. 高压气瓶的安全使用

（1）气体钢瓶使用规则。

1）高压钢瓶必须分类保管，远离明火、热源，距离不小于 10 m。避免暴晒及强烈震动。必须与爆炸物品、氧化剂、易燃物、自燃物及腐蚀性物品隔离。

2）搬运钢瓶应有专用小车，严禁滚、撞、扔、摔。为了保护开关阀，避免偶然转动，要旋紧钢瓶上的安全帽，移动钢瓶时不能用手执着开关阀。

3）钢瓶使用的减压器要专用，氧气钢瓶使用的减压器可用在氮气或空气钢瓶上，用于氮气钢瓶的减压器如要用在氧气钢瓶上，必须将油脂充分洗净。

4）装减压器前要清除开关阀接口处的污垢，安装时螺扣要上紧。使用时先打开钢瓶阀，观察减压阀高压端压力表指针动作，待到适当压力后再缓缓开启减压阀，至低压端压力表指针到所需压力时为止。并用检漏剂检查是否漏气。

5）钢瓶要直立固定，开启钢瓶时，人必须站于侧面，以免高速气流或阀件射伤人体。开阀要缓慢。使用后先关闭瓶阀，放尽减压器进出口气体，再松开减压器螺杆。

6）钢瓶内气体不能用尽，以防止其他气体倒灌。其剩余残压不应小于 9.8×10^5 Pa。

7）钢瓶必须专瓶专用，不得擅自改装，以免性质相抵触的气体相混发生化学反应而爆炸。

8）钢瓶是专用的压力容器，必须定期进行技术检验。一般气体钢瓶，3 年检验一次。腐蚀性气体钢瓶 2 年检验一次。

9）气瓶失火，应根据不同气体采取不同的灭火措施。如水流、二氧化碳、1211 等。

（2）氧气钢瓶。氧气是强烈的助燃气体，纯氧在高温下活泼。温度不变而压力增加时，氧气可与油类发生强烈反应而引起爆炸。因此氧气钢瓶严禁同油脂接触，氧气钢瓶中绝对不能混入其他可燃气体。

（3）氢气钢瓶。氢气单独存在时比较稳定，但它易与其他气体混合。氢气与空气混合气的爆炸极限是：爆炸下限为 4.1%，爆炸上限为 74.2%。要经常检查氢气导管是否漏气。氢气钢瓶不得与氧气、压缩空气等助燃气体混合贮存，也不能与剧毒气体或其他化学危险品混合贮存。

（4）乙炔钢瓶。乙炔钢瓶内填充有颗粒状的活性炭、石棉或硅藻土等多孔性物质，再掺入丙酮，使通入的乙炔溶解于丙酮中，15℃时压力达到 1.5×10^6 Pa。所以乙炔钢瓶不得卧放，用气速度也不能过快，以防带出丙酮。乙炔为高度不饱和易燃气体，含有 7%～13% 乙炔的乙炔空气混合气体和含有 30% 左右乙炔的乙炔-氧气混合气最易爆炸。乙炔和铜、银、汞等金属及其盐类长期接触，会形成乙炔铜、乙炔银等易燃物质。因此，乙炔用的器材不能使用含银量或含铜量 70% 以上的合金。乙炔和氯、次氯酸盐等化合会发生爆炸。充装后的乙炔铜瓶要禁止 24 h 后使用。钢瓶内乙炔压力降至 $2.9 \times 10^5 \sim 4.9 \times 10^5$ Pa 时停止使用。一旦乙炔燃烧发生火灾，严禁用水

或泡沫灭火器，要使用干粉、二氧化碳灭火器或干砂灭火。

三、防止烧伤、割伤、腐蚀和烫伤

实验室中的烧伤，主要是由于接触到高温物质和腐蚀性化学物质以及由火焰、爆炸、触电及放射性物质所引起的烧伤。

1. 化学烧伤

化学烧伤是由于操作者的皮肤触及腐蚀性化学试剂所致。这些试剂包括：强酸类，特别是氢氟酸及其盐类；强碱类，如碱金属的氢化物、浓氨水、氢氧化物等；氧化剂，如浓的过氧化氢、过硫酸盐等；某些单质如溴、钾、钠等。

化学烧伤的预防措施：取用危险药品及强酸、强碱和氨水时，必须带橡皮手套和防护眼镜；酸类滴到身上，不管是在哪一部分，都应立即用水冲洗；稀释硫酸时必须在烧杯等耐热容器中进行；在不断搅拌下把浓硫酸加入水中，绝不能把水直接加入浓硫酸中；在溶解氢氧化钠、氢氧化钾等能产生大量热的物质时，也必须在耐热容器中进行；如需将浓硫酸与碱液中和，则必须先稀释后中和。

2. 烫伤和烧伤

烫伤是操作者身体直接触及火焰或高温、过冷物品（低温引起的冻伤，其性质与烫伤类似）所造成的。

3. 割伤的防护与处理

（1）安装能发生破裂的玻璃仪器时，要用布片包裹。

（2）往玻璃管上套橡皮管时，最好用水或甘油浸湿橡皮管的内口，一手使用带线手套慢慢转动玻璃管，不能用力过猛。

（3）容器内装有 0.5 L 以上溶液时，应托扶瓶底移取。

四、常见的化学毒物及中毒预防和急救

实验室中引起的中毒现象有两种情况：一是急性中毒，二是慢性中毒，如经常接触某些有毒物质的蒸气。

1. 有毒气体

（1）一氧化碳（CO）。CO 是无色无臭的气体，对空气的相对密度为 0.967，毒性很大。CO 进入血液后，与血色素的结合能力比氧大 200～300 倍，因而很快形成碳氧血色素，使血色素丧失输送氧的能力，导致全身组织，尤其是中枢神经系统严重缺氧而造成中毒。

CO 中毒时，表现为头痛、耳鸣，有时恶心呕吐、全身疲乏无力。中度中毒者除上述症状加剧外，还会迅速发生意识障碍、嗜睡，全身显著虚弱无力，不能主动脱离现场。重度中毒时，则会迅速陷入昏迷状态，因呼吸停止而死亡。

急救措施：①立即将中毒者抬到空气新鲜处，注意保温，勿使受冻；②呼吸衰竭者立即进行人工呼吸，并给以氧气，立即送医院。

（2）氯气（Cl_2）。Cl_2 是草绿色气体，比空气重 2.49 倍，一旦泄漏则沿地面流

动。它是强氧化剂、溶于水、有窒息臭味。一般工作场所空气中含氯不得超过 0.002 mg/L。含量达 3 mg/L 时，即会使呼吸中枢突然麻痹、引起肺内化学灼伤而迅速死亡。

（3）硫化氢（H_2S）。H_2S 为无色气体，具有腐蛋臭味，对空气相对密度为 1.19。H_2S 使中枢神经系统中毒，使延髓中枢麻痹，与呼吸酶中的铁结合（生成 FeS 沉淀）使酶活动性减弱。H_2S 浓度低时，表现为头晕、恶心、呕吐等，浓度高或吸入量大时，可使意识突然丧失、昏迷窒息而死亡。

因 H_2S 有恶臭，一旦发现其气味应立即离开现场，对中毒严重者及时进行人工呼吸、吸氧、送医院。

（4）氮氧化物。氮氧化物主要成分是 NO 和 NO_2。氮氧化物中毒表现为对深部呼吸道的刺激作用，能引起肺炎、支气管炎和肺水肿等。严重者导致肺坏疽，吸入高浓度氮氧化物时，可迅速出现窒息、痉挛而死亡。

一旦发生中毒，要立即离开现场、呼吸新鲜空气或吸氧，并送医院急救。

2. 酸类

硫酸、硝酸、盐酸这三种酸是化验室最常用的强酸。受到三酸蒸气刺激可以引起急性炎症。受到三酸伤害时，立即用大量水冲洗，然后用 2% 的小苏打水冲洗患部。

3. 碱类

氢氧化钠、氢氧化钾的水溶液有强烈的腐蚀性。皮肤受到伤害时，迅速用大量水冲洗，再用 2% 稀醋酸或 2% 硼酸充分洗涤伤处。

4. 氰化物、砷化物、汞和汞盐

氰化物：KCN 和 NaCN 属于剧毒剂，吸入很少量也会造成严重中毒。发现中毒者应立即抬离现场，施以人工呼吸或给予氧气，立即送往医院。

砷化物：分析室常用的有 As_2O_3、Na_2AsO_3、AsH_3（砷化氢，又称胂，这些都属于剧毒物）。发现中毒时立即送往医院。

汞和汞盐常用的有：Hg、$HgCl_2$、Hg_2Cl_2，其中汞和 $HgCl_2$ 毒性最大。

5. 有机化合物

有机化合物的种类很多，几乎都有毒性，只是毒性大小不同。因此在使用时必须对其性质详细了解，根据不同情况采取安全防护措施。

（1）脂肪类卤代烃。短期内吸入大量这类蒸气有麻醉作用，主要抑制神经系统。它们还刺激黏膜、皮肤以至全身出现中毒症状，这类物质对肝、肾、心脏有较强的毒害作用。

（2）芳香烃。有刺激作用，接触皮肤和黏膜能引起皮炎，高浓度蒸气对中枢神经系统有麻醉作用。大多数芳香烃对神经系统有毒害作用，有的还会损伤造血系统。

急性中毒应立即进行人工呼吸、吸氧并送医院治疗。

6. 致癌物质

某些物质在一定的条件下诱发癌症，被称为致癌物质。根据物质对动物的诱癌实验和临床观察统计，以下物质有较明显的致癌作用：多环芳烃、3，4-苯并芘、1，

2-苯并芘（以上三种物质多存在于焦油、沥青中）、亚硝酸胺类、α-萘胺、联苯胺、砷、镉、铍、石棉等。所以在使用这些物质时必须穿工作服、戴手套和口罩，避免进入人体。

7. 预防中毒的措施

为避免中毒，最根本的一条是，一切实验室工作都应遵守规章制度。操作中注意以下事项：

（1）进行有毒物质实验时，要在通风橱内进行，并保持室内通风良好。

（2）用嗅觉检查样品时，只能拂气入鼻、轻轻嗅闻，绝不能向瓶口猛吸。

（3）室内有大量毒气存在时，分析人员应立即离开房间，只许佩戴防毒面具的人员进入室内、打开门窗通风换气。

（4）装有煤气管道的实验室，应经常注意检查管道和开关的严密性，避免漏气。

（5）有机溶剂的蒸气多属有毒物质。只要实验允许，应选用毒性较小的溶剂，如石油醚、丙酮、乙醚等。

（6）实验过程中如出现头晕、无力、呼吸困难等症状，即表示有可能有中毒现象，应立刻离开实验室，必要时应到医院。

（7）尽量避免手与有毒试剂直接接触。实验后，进食前，必须用肥皂充分洗手，不要用热水洗涤。严禁在实验室内饮食。

五、安全用电常识

在实验室中随时都要与电打交道，如果对电器设备的性能不了解，使用不当就会引起电气事故。因此，化工分析人员必须掌握一定的用电常识。

1. 电对人的危害

电对人的危害可分内伤和外伤两种，可以单独发生，也可以同时发生。

（1）电外伤。包括电灼伤、电烙伤和皮肤金属化（熔化金属渗入皮肤）三种。这些都是由于电流热效应和机械效应所造成，通常是局部的，一般危害性不大。

（2）电内伤。电内伤就是电击，是电流通过人体内部组织而引起的。通常所说的触电事故，基本上都是指电击而言，它能使心脏和神经系统等重要机体受损。

2. 安全电流和安全电压

（1）安全电流。通过人体电流的大小，对电击的后果起决定作用，一般交流电比直流电危险，工频交流电最危险。通常把 10 mA 的工频电流，或 50 mA 以下的直流电看作是安全电流。

（2）安全电压。触电后果的关键在电压，因此根据不同环境采用相应的安全电压使触电时能自主地摆脱电源。安全电压的数值，在国际上尚未统一规定。国内（GB390—83）规定有 6 V、12 V、24 V、36 V、42 V 五个等级。电气设备的安全电压如超过 24 V，就必须采取其他防止直接接触带电体的保护措施。

3. 保护接地

预防触电的可靠方法之一，就是采用保护性接地。其目的就是在电气设备漏电时，使其对地电压降到安全电压（40 V以下）范围内。实验室所用的在1 kV以上的仪器必须采取保护性接地。

4. 使用电气设备的安全规定

（1）使用电气设备时，必须先检查设备的电源开关，马达和机械设备各部分是否安置妥当，使用的电源电压是否安全。

（2）打开电源之前，必须认真思考30 s，确认无误时方可送电。

（3）认真阅读电器设备的使用说明书及操作注意事项，并严格遵守。

（4）实验室内不得有裸露的电线头，不要用电线直接插入电源接通电灯、仪器等，以免产生电火花引起爆炸和火灾等事故。

（5）临时停电时，要关闭一切电气设备的电源开关，待恢复供电时再重新启动。仪器用完后要及时关掉电源，方可离去。

（6）电气动力设备发生过热（超过最高允许温度）现象时，应立即停止运转、进行检修。

（7）实验室所有电气设备不得私自拆动及随便进行修理。

（8）下班前认真检查所有电气设备的电源开关，确认完全关闭后方可离开。

5. 触电的急救

遇到人身触电事故时，必须保持冷静，立即拉下电闸断电，或用木棍将电源线拨离触电者。千万不要徒手和在脚底无绝缘情况下去拉触电者！如人在高处，要防止切断电源后把人摔伤。

脱离电源后，检查伤员呼吸和心跳情况。若停止呼吸，立即进行人工呼吸。

应该注意，对触电严重者，必须在急救后再送医院做全面检查，以免耽误抢救时间。

附录2　实验室常用分析仪器使用规程

pH 计操作规程

一、仪器

1. pH 计：上海雷磁 PHS-3C 型。
2. 电极：E-201-C9 型复合电极。
3. 试剂：标准缓冲溶液（pH=4.00、6.86、9.18 三种）。

二、操作步骤

1. 准备工作

（1）主机预热，在使用前打开主机预热 10 min。

（2）打开电源开关，按"pH/mV"按钮，使仪器进入 pH 测量状态。

（3）按"温度"按钮，使读数显示为溶液温度值（此时温度指示灯亮），然后按"确认"键，仪器确定溶液温度后回到 pH 值测量状态。

（4）把用蒸馏水清洗过的电极插入 pH=6.86 的标准缓冲溶液中，待读数稳定后按"定位"键，使读数为该溶液当时温度下的 pH 值。然后按"确认"键，仪器进入 pH 测量状态。

（5）如果测酸性溶液，把用蒸馏水清洗过的电极插入 pH=4.00 的标准缓冲溶液中；如果测碱性溶液，把用蒸馏水清洗过的电极插入 pH=9.18 的标准缓冲溶液中。待读数稳定后按"斜率"键，使读数为该溶液当时温度下的 pH 值，然后按"确认"键，仪器进入 pH 测量状态，pH 指示灯停止闪烁，标定完成。

（6）用蒸馏水清洗电极后即可对被测溶液进行测量。

2. 样品制备

（1）测试钛白粉样品：称取 2 g 左右钛白粉于称量瓶中，加入调好的 pH=7 的水，振荡 2 min，静置 5 min，待测。

（2）测试其他水样，可直接测试。

3. 样品分析

（1）钛白粉样品：用蒸馏水清洗电极头部，将盛有钛白粉水溶液的称量瓶移去盖子，置于电极中，待读数稳定。

（2）其他水样：用玻璃棒搅拌水样，使其均匀后，置于电极中，待读数稳定。

三、数据记录

仪器读数稳定后，将结果记录于原始数据记录本中。

四、仪器校正

（1）每天测试样品前要用标准缓冲溶液对仪器进行校准。
（2）若数据出现异常或仪器维护后用标准缓冲溶液进行校正。

五、日常维护和保养

（1）玻璃电极的保质期为 1 年，出厂 1 年后不管是否使用，其性能都会受到影响，应及时更换。
（2）第一次使用的 pH 电极或长时间停用的 pH 电极，在使用前必须在 3 mol/L 氯化钾溶液中浸泡 24 h。
（3）避免电极的敏感玻璃泡与硬物接触，任何破损或擦毛都会使电极失效。
（4）复合电极的外参比溶液应高于被测溶液液面 10 mm 以上，如果低于被测溶液液面，应及时补充外参比溶液，补充液可从电极上端小口加入。电极不使用时，拉上橡皮套，防止补充液干涸。
（5）电极经长期使用后如发现斜率略有偏低，可把电极下端浸泡在 4% HF 中 3～5 s，用蒸馏水洗净，然后再浸入 0.1 mol/L 盐酸溶液中，使之复新。
（6）被测溶液中如有易污染敏感球泡或堵塞液接界的物质而使电极钝化，会出现斜率降低、显示读数不准现象，若发生该现象，则应根据污染物质的性质，用适当溶液清洗，使电极复新。

六、环境保护和安全注意事项

（1）测试用的废纸放入指定纸篓集中处理。
（2）测试完成后，将台面清理干净。
（3）测试过程中禁止用手直接接触溶液。
（4）测试过程中要注意保护好玻璃电极，避免损坏，影响测试。

PXSJ-216 型离子计操作规程

一、仪器简介

PXSJ-216 型离子计仪器主要特点：点阵式液晶显示，全中文操作界面，具有多种测量模式。可测量溶液中的 mV 值、pH 值、pX 值。适用于测定溶液浓度的直读浓度法、已知添加法、试样添加法及 GRAN 法，对测量结果能进行贮存、删除、查阅和打印处理。最多贮存 50 套测量数据，并提供即时打印、贮存打印两套模式供用户选择。具有 4 种斜率校准方法，包括：一点校准、二点校准、多点校准及多次添加法校准。具有断电保护功能，在仪器使用完毕后关机或非正常断电情况下，仪器内部贮存的测量数据和设置的参数不会丢失。仪器带有 RS-232 接口，可接 TP-16 型串行打印机，选用 REX DC 1.0 雷磁数据采集软件可与计算机通讯。

二、仪器使用说明

（1）电源开关：不用时置"OFF"位置。

（2）选择旋钮（SELECT）：mV 测量，小于 200 mV 时，旋钮置 mV_1 位置；测量范围大于 200 mV 时，旋钮置 mV_2 位置。pH 测量，旋钮置 pH 位置。pX 测量，旋钮置 pX 位置。

（3）温度旋钮（TEMP℃）：指溶液温度，测量时，旋至相应温度补偿位置。

（4）定位（CALIB）：定位旋钮的作用在于抵消玻璃电极（或选择性电极）的不对称电势使测量标准化，用于测量溶液的 pH（或 pX）。

（5）斜率（SLOPE）：用于调节电极的实际斜率，使显示的数值与实际的 pX 值相符（但 pH 档的斜率已固定于理论值，故测 pH 时此旋钮不起作用）。此旋钮调好后，测量时保持不动，最好每天测量前做一次校准。

（6）RESET（复位）：按钮只作为仪器复位之用，测量之前，按下"RESET"按钮仪器应显示"000"。

（7）选择电极插孔和参比电极接线柱：选择电极插孔接玻璃电极或其他离子选择电极（包括复合电极），参比电极接线柱接参比电极。

三、仪器使用方法

1. mV 的测量

（1）接好工作电极和参比电极，电源开关置"ON"位置。

（2）把电极浸在被测溶液中，估计测量范围，如小于 200 mV，把选择旋钮置"mV_1"位置，如最左边一位数显出"1"字，其他各位数无显示，则表示测量值超过 200 mV，应将选择旋钮置"mV_2"档，再进行测量。

（3）当测量 mV 时，温度、定位、斜率等旋钮均不起作用。

2. pH 值的测量

仪器在测量溶液 pH 值时，一般情况下可以用一点定位法进行校正，如需要准确测量 pH 值，应采用二点定位法进行校正。

（1）一点定位法。

1）将仪器选择开关拨到 pH 档，接上电极，打开电源开关。

2）将温度旋钮旋至溶液的温度。

3）将电极插入一已知的标准缓冲液中，调定位旋钮，使仪器显示出已知标准缓冲液的 pH 值（应为正值，不要调出负号），重复一次读数后，此时定位完毕。定位器应保持不动，否则仪器必须重新定位。

4）定位完毕后，将电极用去离子水洗净，用滤纸吸干水分后，插入被测溶液中，显示器显示出被测溶液的 pH 值。

（2）二点定位法。

1）将仪器选择开关拨到 pH 档，接上电极。

2）选择 2 个已知 pH 值的标准缓冲液，例如溶液 A（pH = 6.86），溶液 B（pH = 3.55），选择依据是被测对象的 pH 在两者之间。

3）将电极插入 B 溶液中，调节定位旋钮使显示器上显示"0.00"。

4）将电极洗净，用滤纸吸干水分后，插入溶液 A 中，用温度调节器调节，使显示器上显示出溶液 A 和溶液 B 的 pH 值的差值 ΔpH（ΔpH = 6.86 - 3.55 = 3.31），稳定后接着进行定位，用定位调节器调节，使显示器上精确显示出溶液 A 的 pH 值 6.86，此时定位完毕。测量过程中，温度调节器及定位调节器应保持不动。（注意：调节定位时，显示应为正值，不能调出负值。）

5）定位完毕后，取出电极，用去离子水洗净，吸干水分，插入被测溶液中，显示器则指示出被测溶液的 pH 值。

3. pX 值的测量

（1）将仪器选择开关拨至 pX 档，接上电极，拨开电源开关。

（2）调节温度补偿至溶液的温度。

（3）选择 2 种已知 pX 的标准溶液，例如溶液 A 的 pX 为 5.00，溶液 B 的 pX 为 3.00，选择的依据是被测对象的 pX 在两者之间。

（4）将电极插入标准液 B 中（pX 小的一种），调节定位旋钮使指示为零。

（5）将电极洗净，吸干水分，插入较浓的溶液 A 中，显示器有一指示值，如电极的斜率符合理论值，则此时指示值就为两种标准溶液的 pX 值的差（ΔpX = 5.00 - 3.00 = 2.00）。如仪器的指示值不符合 ΔpX，此时可调节斜率旋钮使显示器上指示值为 ΔpX，待指示值稳定后，接着进行定位，用定位调节器调节，使显示器精确指示出溶液 A 的 pX 值 5.00，此时，斜率补偿定位完毕。在测量过程中，斜率旋钮和定位旋钮保持不动。

（6）定位完毕，取出电极，用去离子水洗净，吸干水分后，插入被测溶液中，即显示出被测溶液的 pX 值。

在进行 pX 值测量时，应注意被测溶液和标准溶液的温度和总离子强度必须一致。

也可用"pX"档进行 pX 值的测定，操作步骤同上，要求准确测定 pH 或 pX 时，应于 2～4 h 内校准 1 次。

四、注意事项

（1）本仪器输入阻抗很高，因此严格禁止在通电情况下取出集成电路片，严禁带电维修，维修时烙铁应断电，并须严格接地，一般情况下，不要取下集成电路片。

（2）测量时，本仪器及其配用仪器、机壳最好接地，测试场所要离开干扰源。

（3）如发现仪器操作不正常，应检查电源电压，如 9 V 的电池降至 7 V 或 1.5 V 的电池降压至 1.2 V，则应重新更换电池。如不经常使用，应将电池取出来，以免电池漏浆。

（4）每次测量完毕，关闭电源，并把选择开关置于"mV$_2$"档。

（5）仪器应放在干燥及无腐蚀的地方（最好放在干燥器中），尽量避免阳光直接照射，以延长液晶显示器的使用寿命。

<h1 style="text-align:center">电导率仪操作规程</h1>

一、仪器

（1）电导率仪：上海盛磁 DDS-11A 型。

（2）电极：DJS-1 型铂黑电极。

（3）试剂：一级蒸馏水（电阻率不小于 2500 Ω·m；电导率小于 4 μS/cm）。

二、操作步骤

1. 准备工作

（1）未开电源开关前，观察电表指针是否指零。如指针不在零点，调整电表上的螺丝，使表针指零。

（2）将校正、测量开关 K2 置于"校正"位置。

（3）打开电源开关，预热仪器数分钟（待仪器指针完全稳定为止），调节校正调节器 RW3，使仪器的指针在满度位置。

（4）电极常数的校准：将校正、测量开关 K2 置于"校正"位置，调节"常数"调节旋钮，使"常数"调节旋钮指示在所使用电极的常数标称值。

（5）当使用（1）～（7）量程测量电导率低于 100 μS/cm 的溶液时，选择"低周"位置；当使用（8）～（11）量程测量电导率在 100～100 000 μS/cm 范围内的溶液时，选择"高周"位置。再次对仪器进行校准。

（6）将量程选择开关置于所需要的测量范围档。

2. 样品制备

（1）测试钛白粉样品：称取 10 g（精确到 0.01 g）试样于 250 mL 烧杯中，加入 92 mL 电阻率不小于 2 500 Ω·m 的蒸馏水，先在 2 000 W 电炉上煮沸，再在 1 000 W 电炉上不断搅拌下微沸 15 min，冷却至 60℃后，补加水至净重 100 克（水和样品重），摇匀，冷却至（23±0.5）℃，待测。

（2）测试其他水样，可直接测试。

3. 样品分析

（1）钛白粉样品：用一级蒸馏水清洗电极头部，将盛有钛白粉水溶液的烧杯置于电极中，待读数稳定。

（2）其他水样：用一级蒸馏水清洗电极头部，用玻璃棒搅拌水样，使其均匀后，置于电极中，待读数稳定。

三、数据记录

仪器读数稳定后,将结果记录于原始数据记录本中。

四、仪器校正

(1) 每天测试样品前要用标准缓冲溶液对仪器进行校准。
(2) 若数据出现异常或仪器维护后用标准缓冲溶液进行校正。

五、日常维护和保养

(1) 电导电极的贮存:镀铂黑的铂电极不允许干放,必须贮存在蒸馏水中。
(2) 电导电极的清洗:用含有洗涤剂的温热水可以清洗电极上有机成分污垢,也可以用酒精洗。
(3) 对于镀铂黑的电极,只能用纸巾将电极周围的液体擦干,不可直接擦拭铂黑,防止铂黑层被破坏。

六、环境和安全注意事项

(1) 测试用的废纸放入指定纸篓集中处理。
(2) 测试完成后,将台面清理干净。
(3) 测试过程中禁止用手直接接触测试溶液。
(4) 测试过程中要注意保护好玻璃电极,避免损坏,影响测试。

可见分光光度计操作规程

一、仪器

(1) 可见分光光度计:上海精科 722N 型。
(2) 比色皿:仪器配套。

二、操作步骤

1. 准备工作

(1) 仪器预热:打开样品室盖,开启电源,指示灯亮,仪器预热 20 min。选择开关置于"T"旋钮,使数字显示为"0.00"。
(2) 旋动波长手轮,把所需波长对准刻度线。

2. 样品制备

(1) 比较两个比色皿的吸光度,两者要一致。
(2) 用配置好的溶液润洗比色皿两次,将溶液倒入比色皿中,体积约为比色皿体积的 80%~90%,放入比色架之前用滤纸或吸水性较好的纸将比色皿外壁擦拭干净。

3. 样品分析

（1）将装有溶液的比色皿放置比色架中，把参比溶液置于光路位置比色格。

（2）盖上样品室盖，调节透光率"100%T"旋钮，使数字显示为"100.0T"。如不能显示"100%T"，则可加按一次。

（3）吸光度 A 的测量：仪器调 T 为 0 和 100% 后，将选择开关转换至 A 调零旋钮，数字显示应为".000"。然后拉出拉杆，使被测溶液置入光路，数字显示值即为试样的吸光度 A。

（4）浓度直读：按 MODE 键，使 CONC 指示灯亮，将已标定浓度的溶液移入光路，按下溶液调节键（"↑100%T"键的"↓0%"键），使数字显示为标定值，将被测溶液移入光路，即读出相应浓度值。

（5）测定完毕后，先打开样品室盖，再断电源。比色皿清洗干净后，贮放保存。

三、数据记录

仪器读数稳定后，将结果记录于原始数据记录本中。

四、仪器校正

每次测试样品前要对仪器进行校准。

五、日常维护和保养

（1）仪器预热时应打开试样室盖，避免烧坏仪器。

（2）每次使用完成后应对比色架进行清洁，防止样品腐蚀比色架。

（3）为避免仪器积灰和沾污，在停止工作的时间里，用防尘罩罩住仪器。

（4）仪器工作数月或搬动后，要检查波长准确度，以确保仪器测定精度正常。

六、环境和安全注意事项

（1）测试用的废纸放入指定纸篓集中处理。

（2）测试完成后，将台面清理干净。

（3）测试过程中禁止用手直接接触测试溶液。

X 荧光仪操作规程

一、仪器

（1）X 射线荧光仪：帕纳科 Axios。

（2）压片机：丹东 BP-1 粉末压样机。

二、操作步骤

1. 样品制备

（1）钛铁矿。称取 8.40 g 左右的钛铁矿粉，直接放入压片模具中，进行压片（压力 20 Mpa，保压时间 2.5 min）。

（2）钛白粉。用电子天平各称取 1.50 g 钛白粉和 1.50 g 硼酸（优级纯），倒入玛瑙研钵中，研磨均匀，将研磨好的混合物放入压片模具中，进行压片（压力 20 Mpa，保压时间 1.5 min）。

注意：①磨样过程中注意手势并保持卫生整洁，以防止样品污染；②矿粉压片模具与钛白粉压片模具不能混用，以免影响测试结果；③测试样品不能带腐蚀性，以免损坏模具光滑面；④制片前后，彻底洗净玛瑙研钵，保持模具及制样台面的表面干净。

2. 样品分析

（1）样品的放置。用洗耳球将制得的样品表面粉末吹掉，然后小心地放入铝杯中，用泡沫固定，放到测试位置，过程中不能用手接触测试面，以免样品污染。

（2）双击打开 SuperQ 中的"Measure and Analyse"，输入用户名及密码，进入测试界面。

（3）选择测试模式。如测钛白粉，选择模式为"type：Routine；Application：TiO_2"；如测钛铁矿，选择模式为"type：Routine；Application：TiFe - Ore"；

（4）将待测样品进行编号，点击测试界面中的"Measure"进行测量；

（5）测试结束后，将仪器清理干净。

三、数据记录

点击测试页面中的"OK"，结果会自动保存到电脑软件中，并将结果记录到数据原始记录本中。

四、仪器校正

（1）每个月用标样对仪器进行定期校正。

（2）若数据出现异常或仪器维护后用标样进行校正。

五、日常维护和保养

（1）每日查看水冷机水流压力是否为 5～6 bar，检查冷却水水位、流量和水温（19±1）℃。每半年换一次水，若水量过低需及时更换，在新注入的水中应加入碳酸氢钠溶液使水呈弱碱性（pH 为 7～8），以防止浮游生物的产生。

（2）每日查看空气压缩机压力是否为（5.0±0.25）bar，每月检查油位并排除空压机中的污水。

（3）每日检查 P10 气体的压力和流量：钢瓶压力是否小于正常压力（>10），二

次压力是否在 0.75 bar 左右（0.7～0.8 bar）。钢瓶压力≤10 时，应更换 P10 气体，更换完 P10 气体需要进行 PHD 校正，其流量应为 0.5～3 L/h（最好 1 L/h）。

（4）仪器分析室内部配备空调（带除湿功能）。每日检查室内湿度是否小于 85，检查室内温度是否在 23～28℃之间。

（5）测完样品后应保持方式样盖及仪器台面清洁。每两个月定期清洁分光室。

（6）每日检查分光室真空度是否小于 100 Pa，仪器内部温度是否在（30 ± 0.02）℃。

（7）每三个月检查真空泵油位和油质，如果油中出现脏物或含有白色泡沫，则必须从排油孔中将原油抽走，并妥善处理。每六个月给真空泵排水一次，若湿度大，需经常给真空泵排水。每年需更换真空泵油。

（8）每年应清洗水过滤器或更换新的水过滤器。

（9）停机超过 24 h 以上，再开机时应对 X 光管进行老化：停机时间为 24～48 h 的用快速老化；超过 48 h 的应用通常老化。

六、环境保护和安全注意事项

（1）为防止 X 射线对人体的伤害，仪器操作人员尽量不要长时间呆在仪器室内。

（2）禁止非仪器操作人员进入仪器室。

（3）仪器维修后，需要用 X 射线测试仪测试仪器外部的射线含量，超过允许值必须排除泄漏点才能继续使用。

X 射线衍射仪操作规程

一、仪器

（1）X 射线衍射仪：丹东 DX - 2500。
（2）压片机：仪器配套。

二、操作步骤

1. 样品制备

（1）测量粉末样品时，样品的颗粒不能大于 500 目。
（2）制样时样品的表面要平整，样品的平面要和通孔样板平面在同一平面上。
（3）安装样品时要轻插、轻拿，以免样品由于震动而脱落在样品测试台上。
（4）要随时关好防护门，防止射线散射。

2. 样品分析

（1）启动仪器，双击打开 DX - 2500 系统控制软件。
（2）进入测试窗口，选择"应用测量"选项的 R - TiO$_2$ 含量测定，各测试参数已设定，在样品编号栏中输入所测量的名称，然后点击开始，进行样品测试。

（3）测试结束后取出样品，清理干净通孔样板。

三、数据记录

测试结束后，窗口上自动显示结果，将结果记录到原始数据记录本中。

四、仪器校正

（1）每半个月用标样对仪器进行定期校正。
（2）若数据出现异常或仪器维护后用标样进行校正。

五、日常维护和保养

（1）每日检查水冷机水位、流量和水温（20±1）℃，通过调节水压使流量超过 3.8 L/min，如果流量小于 3.8 L/min，高压将不能开启，当冷却水水位不足时，水冷机会自动报警，此时应及时添加蒸馏水。水箱内的水至少半年更换一次，更换后应在新注入的水中加入碳酸氢钠溶液使水呈弱碱性（pH 为 7~8），以防止浮游生物的生长。

（2）仪器分析室内部配备空调（带除湿功能）。每日检查室内湿度是否小于 85%，检查室内温度是否在 23~28℃之间。

（3）光管升降压时应遵循如下原则：升压时，先升电压，后升电流；降压时，先降电流，后降电压。

（4）测试样品时，需仔细检查样片周围是否有粉尘，防止杂质及粉尘带入仪器内部，并且注意开关防护门时要轻拉轻推。

（5）定期清洁仪器进样系统（每 2 月一次）。光管阳极工作一定时间后应清洗一次（每 4 000 h 至少一次，冷却水不干净时需要更频繁的清洗），清洗时先拆下光管底部，将光管阳极端朝上，然后将醋酸（10%）或盐酸（4%）放在阳极上，等待半小时后用水擦洗干净。对于粉尘，应用柔软的小毛刷轻轻刷拭。

（6）天气潮湿时，应注意预热机器，防止内部走电。测样时应提前开启电压电流，一般为 20 kV/15 mA，预热 15~20 min。

（7）对新的 X 光管及超过 100 h 未曾使用和曾经从仪器上拆下的 X 光管，必须进行通常老化；对超过 24 h 但小于 100 h 未曾使用的 X 光管进行快速老化。

六、环境保护和安全注意事项

（1）为防止 X 射线对人体的伤害，仪器操作人员尽量不要长时间呆在仪器室内。
（2）禁止非仪器操作人员进入仪器室。
（3）仪器维修后，需要用 X 射线测试仪测试仪器外部的射线含量，超过允许值必须排除泄漏点才能继续使用。

激光粒度仪操作规程

一、仪器

（1）激光粒度分布仪：欧美克 LS-900。
（2）超声波清洗机：仪器配套。

二、操作步骤

1. 准备工作

（1）主机预热，在使用前打开主机预热半小时。
（2）系统对中：主机预热稳定后，打开循环进样器，观察背景光能是否稳定。

2. 样品制备

（1）水解浆料：取搅拌均匀的浆料 5 mL 于 100 mL 量杯中，加入 40 mL 水，5 滴六偏磷酸钠饱和溶液，放置于超声清洗机，超声 3 min。
（2）钛白粉：取少量钛白粉于 100 mL 量杯中，加入 40 mL 水，5 滴六偏磷酸钠饱和溶液，放置于超声清洗机，超声 3 min。
（3）砂磨浆料：均匀搅拌浆料，然后取 1 滴于 100 mL 量杯中，加入 40 mL 水，5 滴六偏磷酸钠饱和溶液，放置于超声清洗机，超声 3 min。

3. 样品分析

（1）双击打开测试程序，进行测试参数设置。
（2）使测试窗口内的光能图中的零环光能在 60 以上，一环光能在 20 以下，点击窗口内的"背景"，将"背景"变成"分析"后，背景测量结束。
（3）将制备好的样品倒入加样槽中，控制测试浓度在 8%～12%，单击"分析"，测量即自动进行，待测试完成，测试窗口会出现"本次分析已完成"字样，点击"OK"即此次测试完毕。
（4）测试结束后输入样品名称，将结果保存。
（5）清洗进样器。
（6）注意事项：测试参数设置中，水解浆料用 Polydis 模式，折射率为 1.80；钛白粉和砂磨浆料用 Rosin-Ram 模式，折射率为 2.60。

三、数据记录

测试结束后将数据保存在相应的文档内，保存时文件名与样品编号必须统一；将结果记录到数据原始记录表中。

四、仪器校正

（1）每个月用标样对仪器进行 1 次校正。

(2) 若数据出现异常或仪器维护后用标样进行校正。

五、日常维护、保养、清洁与安全控制

(1) 粒度仪全套设备不论使用与否,都应放置在干燥清洁的环境中。
(2) 粒度仪全套设备不用时应盖上致密的防尘布。
(3) 傅里叶镜头与反自射棱镜的玻璃表面应定期用脱脂棉蘸上无水乙醇擦洗。一般情况下 5～5 个月擦洗一次即可,若周围环境灰尘较大,则需适当增加擦洗次数。

注意:镜头的玻璃表面镀有光学薄膜,切不可用干燥的棉花之类的东西擦拭,亦不可用嘴对镜头玻璃吹(呵)气。如玻璃表面有浮尘,则可用干净的洗耳球吹净。

(4) 每天使用完毕后,样品池的内腔和玻璃表面都应清洗干净。
(5) 循环进样装置循环时间不能过长,请在次与次测量之间稍作停顿。
(6) 粒度仪测样前要开机预热至少 0.5 h,连续开机不宜超过 5 h。

高频红外碳硫仪操作规程

一、仪器

(1) 高频红外碳硫仪:四川旌科 HCS878F。
(2) 电子天平:仪器配套。

二、操作步骤

1. 准备工作
(1) 主机预热,在使用前打开主机预热 10 min。
(2) 打开测试程序,点击示波器,待碳硫波形稳定。

2. 样品制备
(1) 打开电子天平,放入坩埚,点击"→O/T←"去皮。称取约 0.4 g(精确至 0.01 g)样品,称样时应保持天平清洁,勿将样品撒在台面上,等称量数值稳定后点击分析系统界面的"称样",并输入试验编号回车。
(2) 取出称有样品的坩埚稍微振摇,使样品平铺在坩埚内,在样品表面均匀铺上半勺纯铁助熔剂,然后在铁助熔剂表面均匀铺上一勺钨粒助熔剂。

3. 样品分析
(1) 点击分析系统界面"气缸升降",用坩埚钳将制备好样品的坩埚放在坩埚座上,注意:坩埚底需与坩埚座放置吻合,点击"分析样品",仪器开始分析样品。
(2) 测试完毕后,气缸自动下降,及时把用坩埚钳把高温坩埚取下,置于坩埚回收桶中。

三、数据记录

测试结束后数据自动保存于测试软件中,将结果记录在原始数据记录表中。

四、仪器校正

(1) 每天测试样品前要用标样对仪器进行校正。
(2) 若数据出现异常或仪器维护后用标样进行校正。

五、日常维护、保养、清洁与防护

(1) 每次做样前需清洗一次高频炉炉头,并且需要做标样。
(2) 净化系统中高效变色吸水剂有 1/3 变红,即需进行更换。碱石棉、高氯酸镁根据分析样品量的多少定期更换(1~3 个月)。
(3) 在不分析样品时,气缸应处于封闭状态(气缸位于上升位置),以保持炉膛、净气系统与空气隔绝,延长净化剂的使用期。
(4) 为保证数据稳定,需要对样品燃烧过程中产生的粉尘进行清理,一般连续分析 40 个样品后即需清理一次。
(5) 炉膛中的石英管属消耗品,在损坏或长时间使用后需进行更换、清理,拆下的石英管若不破损、碎裂,用 1∶1 盐酸加热清洗除去壁上的铁渣后仍可继续使用。
(6) 时刻保持分析台面整洁干净,以确保样品不被污染。
(7) 测试过程中,操作人员不能触摸仪器发热部位,以免烫伤。
(8) 停机处理:若仪器每日均投入使用,红外分析仪无需切断电源开关,保持开机状态。次日高频炉及电子天平开机预热 10 min 即可投入使用;若仪器需停机很长时间,则切断所有电源开关,并拔下电源插头,罩好防尘罩。

差示色度仪操作规程

一、仪器

(1) 色差仪:柯尼卡美能达 CM-3500 d。
(2) 压片机:仪器配套。

二、操作步骤

1. 准备工作

(1) 主机预热,在使用前打开主机预热 30 min。
(2) 仪器校准:放置好黑阱,点击 ■ 或是打开仪器控制 - 零位校准,进行零位校准;放置好白板,点击 □ 或打开仪器控制 - 白板校准,进行白板校准。

（3）点击 ▦ 或是打开文件－指定试样（样品）文件名，选择一个存放被测样品数据的文件。

2. 样品制备

（1）在压片机制样磨具中放入适量钛白粉，进行压片，压力 15 Mpa 左右，保压时间 1 分钟。

（2）取下制好的样片，其测试面要光滑整洁，没有裂痕，并用洗耳球吹干净表面的粉尘。

3. 样品分析

（1）打开测试界面中色度－白度指数，点击测量，按顺序输入编号，输入样品名。

（2）放置好被测样片，并点击平均开始。测量完成后，按存贮将数据保存在相应的文档中。

（3）测试完毕后，清理仪器及周边卫生，待下个测试。

三、数据记录

测试结束后将数据保存于测试文档中，并记录在原始数据记录本中。

四、仪器校正

（1）每次测试前要用黑阱和白板对仪器进行校准。

（2）若数据出现异常或仪器维护后用标样进行校正。

五、日常维护和保养

（1）黑阱和白板不要去触摸，不要磨花，用完后立即用盖子保护好，盖子不能丢失。如果白板表面有脏物，只能用擦镜纸轻微擦拭，不得用酒精等溶剂清洗。

（2）色差仪是精密光学仪器，玻璃板及主机表面要时刻保持清洁，以免影响数据和损坏仪器。

（3）保持仪器所处台面的平稳、干净、干燥，测试完毕后将光源调至 SCI，关闭测试软件和主机电源，并盖好防尘罩。

六、环境保护和安全注意事项

（1）当上盖打开时，不要打开闪光灯，以免伤害眼睛。

（2）测试完成后，用仪器专用防尘罩盖好仪器。

原子吸收分光光度计操作规程

一、目的

规范 AA‐6300C 原子吸收分光光度计的标准操作规程，保证 AA‐6300C 原子吸收分光光度计的正确使用。

二、范围

适用于岛津 AA‐6300C 原子吸收分光光度计的使用操作。

三、操作规程

（一）火焰连续法

1. 开机

（1）打开乙炔钢瓶主阀（逆时针旋转 1～1.5 周），调节旋钮使次级压力表指针指示为 0.09 Mpa。

（2）打开空压机电源，调节输出压力为 0.35 Mpa。

（3）打开 AA‐6300C 主机电源、电脑电源（若用自动进样器，打开 ASK‐6100 自动进样器电源）。

2. 打开软件

双击 Wizzard 图标，在窗口中选择操作，然后点击 AA 的主机图片。输入用户名与密码，点击确定。

3. 输入火焰测定参数

（1）打开软件后，在弹出的 Wizard 选择对话框中点击元素选择出现元素选择窗口。点击选择元素，选择需要测定的元素，选择测定方法火焰、普通灯（若用自动进样器选择使用 ASC）点击确定。

（2）点击编辑参数，出现编辑参数的设置窗口，依次设置光学参数、重复测定条件、测定参数、工作曲线参数、燃烧气/气体流量设置后再点击确定。

1）光学参数页：设置波长、狭缝、点灯方式、灯电流后，执行谱线搜索。

2）重复测定条件页：设置空白、标准、样品及校正斜率标样的重复测定次数。

3）测定参数页：设置测试过程中的重复次序、预喷雾时间、积分时间以及响应时间。

4）工作曲线参数页：设置浓度单位、工作曲线的次数、是否零截距。

5）燃烧器/原子化器页：设置燃气的流量以及燃烧器的高度、角度。

设置好以上五项内容后，点击确定。

（3）选择下一步，设置制备参数。选择校准曲线设置，设置标准品的数量、浓度等参数；选择样品组设置，设置样品标识以及待测样品的数量。

（4）点击下一步，选择连接发送参数 连接仪器，发送测定参数，完成仪器初始化

（5）在初始化屏幕关闭后，显示询问信息"是否进行火焰测定"，点击"是"。开始火焰分析时仪器检查的项目，检查完毕点确认。

（6）点击下一步，再次确认光学参数。

（7）点击下一步，确认设置气体流量、燃烧气高度。

（8）点击完成，完成火焰测试的参数设置。

4. 点火

同时按下主机上 IGNITE 和 PURGE 两键，先点燃火焰，持续按 IGNITE 键直至火焰完全点燃。如果按 IGNITE 键 3 s 以上，火焰仍未点燃，停止点燃操作，10 s 以后再试。

5. 样品测试

（1）火焰点燃后，吸引纯净水，观测火焰是否正常。

吸引纯净水，火焰预热 15 min 后开始样品测试。

吸引纯净水，点击自动调零。

（2）点编辑，选择插入标准曲线、插入样品组完成对工作表的编辑。

根据工作表的顺序，依次吸引相应浓度的标准溶液，点击开始执行标准样品的测试，所有标准溶液测试结束后软件会自动给出校准曲线，并给出标准方程与相关系数。

判定校准曲线是否满足测定要求，若满足测定要求，即可继续测定未知样品。否则，检查仪器状态，重新测定标准样品。

（3）吸引样品的空白溶液，点击空白。

吸引待测样品溶液，点击空白，依次测定未知样品得到结果。

6. 关机

测试完成后，吸引纯净水 10 min 后，选择仪器菜单下的余气燃烧，将管路中剩余的气体烧尽。

关闭空压机电源，将空压机气缸中的剩余气体放空。如果在放气过程序中发现有水随着气体喷出，请将空压机气缸充满气后，重新放气，并重复操作，直到将气缸中的水排净为止。

退出软件，关闭 PC 电源。

关闭 AA 主机电源。

（二）石墨炉法

1. 开机

（1）打开电脑电源、ASC-6100 自动进样器电源、GFA-EX7i 石墨炉电源、AA-6300C 主机电源。

（2）打开氩气钢瓶主阀（完全旋开），调节旋钮使次级压力表指针指示为 0.35 Mpa。

(3) 打开冷却循环水电源。

2. 打开软件

双击 Wizzard 图标，在窗口中选择操作，然后点击 AA 的主机图片。输入用户名与密码，点击确定。

3. 输入火焰测定参数

(1) 打开软件后，在弹出的 Wizard 选择对话框中点击元素选择出现元素选择窗口。点击选择元素，选择需要测定的元素，选择测定方法石墨炉、普通灯、使用 ASC 点击确定。

(2) 点击编辑参数，出现编辑参数的设置窗口，依次设置光学参数、重复测定条件、工作曲线参数、石墨炉程序后再点击确定。

1) 光学参数页：设置波长、狭缝、点灯方式、灯电流后，执行谱线搜索。

2) 重复测定条件页：设置空白、标准、样品及校正斜率标样的重复测定次数。

3) 工作曲线参数页：设置浓度单位、工作曲线的次数、是否零截距。

4) 石墨炉参数页：设置石墨炉升温程序。

确认以上四项设置完成后，单击确认。

(3) 选择下一步，设置制备参数。

选择校准曲线设置，设置标准品的数量、浓度等参数。

选择样品组设置，设置样品标识以及待测样品的数量。

(4) 点击下一步，选择连接发送参数，连接仪器、发送测定参数，完成仪器初始化。

(5) 选择下一步，确认石墨炉升温程序，选择完成。

4. 样品测试

(1) 点击试验测定，选择手动测定的方式，测试仪器状态、石墨管状态是否满足测试要求。

干净无污染的石墨管的吸光度应该在"0.00X"左右。

(2) 点编辑，选择插入标准曲线、插入样品组完成对工作表的编辑

点击开始执行测定。Wizzard 软件会根据设置自动完成所有设置样品的测定。

5. 关机

测试完成后依次：

1) 退出软件关闭电脑。

2) 关闭石墨炉加热开关、石墨炉电源开关、自动进仪器电源开关、AA 主机电源电源开关。

3) 关闭冷却循环水装置。

4) 关闭氩气钢瓶主阀。

(三) 打印检测报告

1. 单击文件菜单下的打印类型，设置打印内容。

2. 设置需要打印的工作表中的列。

3. 选择文件菜单下的打印数据/参数将参数、数据、相关的图谱同时打印出来。

四、注意事项

1. 乙炔纯度≥98%，初压小于 0.5 Mpa 需更换。

2. 氩气纯度≥99.9%。

3. 使用石墨炉法测定时，需观察石墨炉管口位置是否合适，如不合适则在仪器－石墨炉管口位置选项中进行调节。

主要参考文献

[1] 陈国珍. 海水分析化学 [M]. 北京：科学出版社，1965.
[2] 陈国珍. 海水痕量元素分析 [M]. 北京：海洋出版社，1986.
[3] 地下水质检验方法（DZ/T 0064.26—93）[M]. 北京：中国标准出版社，1991.
[4] 海洋调查规范 海水化学要素观测（GB 12763.4—1998 [M]. 北京：中国标准出版社，1998.
[5] 海洋监测规范 第4部分：海水分析（GB 1734—1998 [M]. 北京：中国标准出版社，1998.
[6] 饮用天然矿泉水检验方法（GB/T8538—1995）[M]. 北京：中国标准出版社，1995.
[7] 刘汉标，石建新，邹小勇. 基础化学实验 [M]. 北京：科学出版社，2011.
[8] 朱明华. 仪器分析 [M]. 4版. 北京：高等教育出版社，2012.
[9] 岩石矿物分析编委会. 岩石矿物分析 [M]. 4版. 北京：地质出版社，2011.